D1935993

Copyright © 1977 Feuervogel-Verlag GmbH, Frankfurt am Main
Alle Rechte, besonders das Recht der Übersetzung und Verbreitung, auch durch Film, Funk, Fernsehen, fotomechanische Wiedergabe, Tonträger aller Art oder auszugsweiser Nachdruck sind vorbehalten. Gestaltung von Buch und Umschlag durch den Verlag.
ISBN 3-921148-05-7

Baron Fjodor Romanowitsch von der Osten-Sacken

FÜNF WOCHEN AUS DEM LEBEN VON SONJA, OLJA UND MARUSJA

A. Baschmakow Nekrolog

Aus dem Russischen übertragen von Jurij und Anita Treguboff
Feuervogel - Verlag

EINLEITUNG

Der Leser wird sich erstaunt fragen, warum dieses Buch veröffentlicht wird, da es doch lediglich eine intime Familienchronik darstellt. Wen interessieren schon die Empfindungen der Kinder einer adeligen russischen Familie im Jahr 1880?

Bei oberflächlichem Studium dieses Buches ist diese Frage durchaus berechtigt. Die „Fünf Wochen" sind jedoch ein einzigartiges und unersetzliches Dokument für das Verständnis jener Führungsschicht des russischen Kaiserreiches, die entgegen allen Anfeindungen aus verschiedenen Lagern es verstanden hat, das riesige Reich im Osten Jahrhunderte hindurch mustergültig, wenn auch auf ihre Art, zu verwalten und dabei einen hohen Grad staatspolitischen Könnens und humanitärer Gesinnung an den Tag legte.

Einer der verantwortlichen Würdenträger des russischen Reiches war Baron Fjodor Romanowitsch von der Osten-Sacken, trotz seines deutschen Namens ein echter Russe und Patriot. Wie aus dem Nekrolog hervorgeht, hat sein Wirken im Ministerium für auswärtige Angelegenheiten, in dem er als Leiter eines Departement dem Außenminister direkt unterstellt war, eine unvertilgbare Spur hinterlassen.

Außerhalb der Politik war Baron Osten-Sacken als Gelehrter auf verschiedenen Gebieten, vor allem in der Botanik, tätig. Wie seine Berichte über die Kinder zeigen, war er ein sehr guter Kinderpsychologe, der vor fast einem Jahrhundert in der Behandlung der Kinder solche Methoden anwandte, wie sie selbst heute nur schwer durchzusetzen sind. Jede Gewalt in der Erziehung wird abgelehnt. Auf die Neigungen der Kinder wird eingegangen und versucht, sie zu fördern und die Kinder schon im frühesten Alter mit geistigen Problemen vertraut zu machen. Auch das Verhältnis zu den Mitmenschen, z. B. den Hausangestellten, ist sachlich und ohne jeden Herrschaftsanspruch.

War vielleicht gerade die verfeinerte und humane Art des russischen Adels Ursache seines Unterganges? Heutzutage wird es wohl nur wenige klar und nüchtern denkende Menschen geben, die es nicht bedauern, daß das Reich im Osten nicht mehr von Menschen wie Baron Osten-Sacken regiert wird.

Jurij A. Treguboff

FÜNF WOCHEN AUS DEM LEBEN VON SONJA, OLJA UND MARUSJA

1880

S. Petersburg
Druckerei
B. F. Kirschbaum, Haus des Finanzministeriums, Am Schloßplatz
Von der Zensur genehmigt Spb. 18. Januar 1900
Gedruckt in einer Auflage von dreißig Exemplaren

MITWIRKENDE PERSONEN

Papa	
Mama	
Talja	12 Jahre alt
Anette	10 Jahre alt
Marusja	8 Jahre alt
Olja	6 Jahre alt
Sonja	4 Jahre alt
Sascha	
Ljoscha	
Achille	
Tante Gulja	
Onkel Fedja	
Elisaweta Iwanowna	
Olga Alexandrowna	
Zwei Fräulein Ebner	
Doktor Pfeifer	
Christina	
Margarita	
Marie	
Kassierer einer Blumenausstellung	
Droschkenkutscher	

Seinen lieben Nichten widmet diese Blätter
der alte Onkel Fedja

Anette ist an Masern erkrankt. Sie wurde aus dem Katharineninstitut genommen und nach Hause gebracht. Onkel Fedja hat sich bereit erklärt, die kleine Sonja und Olja bei sich unterzubringen. Dabei half ihm Elisaweta Iwanowna, der gute Genius der Familie. Tante Gulja, die sich mit Marusja im Ausland befand, wurde von diesem Ereignis unterrichtet, und sie beeilte sich, zurückzukehren.

Im Laufe des fünfwöchigen Aufenthalts der Kinder außerhalb des Elternhauses hat Onkel Fedja täglich einen ausführlichen Bericht über die Gesundheit der Kinder, ihr Betragen, Beschäftigungen und dergleichen an Papa und Mama gesandt. Da aber die Eltern, die sich mit Anette zusammen in Quarantäne befanden, Talja im Institut nicht besuchen konnten, wurde Onkel Fedja die Pflicht auferlegt, auch über das älteste der Fräulein zu berichten.

Diese Berichte machten ein ziemlich ansehnliches Heft aus, das Papa sehr schätzte und in rotem Saffian binden ließ. Dieses Heft ist erhalten geblieben, und die interessierten Personen haben nicht nur einmal den Wunsch ausgesprochen, es zur Erinnerung an ihre glücklichen Kinderjahre gedruckt zu erhalten. Seitdem sind neunzehn Jahre verflossen, und jetzt hat Onkel Fedja sich entschlossen, den Wunsch seiner Nichten zu erfüllen.

Dabei ist es unsagbar traurig, sich daran zu erinnern, daß nicht alle an den damaligen Ereignissen Beteiligte dieses Buch sehen werden. Schon zwei Jahre später ist das liebe Engelchen Marusja, Ursache der Sorgen und Freuden von Tante Gulja, während ihrer zweiten Reise ins Ausland nach einer kurzen Krankheit in den Himmel genommen. Der gütige Papa ist verstorben, mit dem Onkel Fedja seit seinem frühesten Alter mit den zärtlichsten Banden der Freundschaft verbunden war. Schließlich weilt auch Elisaweta Iwanowna, Liebling und vernünftige Beschützerin der Jugend und lichter Leitstern in dreiundvierzig Lebensjahren von Onkel Fedja, nicht mehr unter den Lebenden...

Raucha, am Saima-See
15./27. Juni 1899

DIE BERICHTE VON ONKEL FEDJA

Montag, den 8. September 1880

Am Abend fand glücklich die Umsiedlung aus der Sapernij Gasse in die Wohnung bei der Pewtscheskij Brücke statt. Sonja ist noch in der Kutsche fest eingeschlafen. Sie wurde erst auf die Chaiselongue gelegt, später entkleidet und in das vorbereitete Bettchen gelegt. Dabei ist sie gar nicht aufgewacht. Olja trank Tee und ging dann schlafen.

Die Nacht verlief ziemlich ruhig, wenn Sonja auch hustete. Der Umzug hat anscheinend keinen ungünstigen Einfluß auf die Kinder gehabt. Am Morgen hat Olja etwas gehustet.

Dienstag, den 9. September

Der Tag war wundervoll. Nach dem Tee besahen sich die Kinder Bilder. Das Kindermädchen Margarita kam mit der Badewanne, aber es war bereits zu spät, die Kinder zu baden. Elisaweta Iwanowna bezweifelt, ob man das Baden überhaupt fortsetzen soll, solange die Kinder husten? Diese Frage verlangt Antwort seitens der Obrigkeit. Es werden Instruktionen erwartet.

Die Begegnung mit Margarita zeichnete sich durch Kühle aus. Die Kinder liefen nicht mal zu ihr hin.

Um viertel elf gingen sie mit Elisaweta Iwanowna in den Alexander-Garten, wo sie im Sand spielten und dann die Fontäne bewunderten.

Um zwölf Uhr Frühstück: Je ein weichgekochtes Ei und Rindfleischkoteletts mit Spinat.

Beim Frühstück begann Sonja plötzlich zu weinen. Was war passiert? Sonja erläuterte, daß sie sich sehr schmerzhaft mit Brot an die Stirn geschlagen hat. Allen Anwesenden erschien das sehr merkwürdig, um so mehr, da niemand etwas besonderes bemerkt hatte. Das Leid ging aber sehr schnell vorüber. Olja gab sich Mühe, das Schwesterchen zu trösten.

Nach dem Frühstück gab man den Kindern je eine Bergamottbirne. Sonja sagte:

„Du sollst mir den Birnenstiel abdrehen, sonst esse ich sie nicht!"

„Ist das eine Drohung?" fragte Onkel Fedja.

„Nein, das ist eine Bergamottbirne!" antwortete Sonja.

Um halb zwei gingen die Kinder mit dem Dienstmädchen Marie wieder in den Alexander-Garten. Gegen drei Uhr betrat Onkel Fedja den Garten, um zu schauen, was sie machen und ob sie überhaupt da sind. Als Sonja den Onkel sah, bemerkte sie:

„Ach, wie slau Onkel Fedja ist! Er hat nicht gesagt, daß er in den Garten kommt!"

Vor dem Mittagessen fand die Übergabe des Löwen und des Papageien statt, die Papa geschickt hatte. Olja hat sich sehr über den Löwen gefreut, und Sonja sang, mit dem Käfig in beiden Händen, das bekannte Lied von dem Vogel.

Das Mittagessen verlief ohne Zwischenfälle. Gegen Schläge mit Brot auf die Stirn wurden Vorsichtsmaßnahmen getroffen. Überhaupt, die Kinder haben sich mustergültig benommen. Heimweh nach dem Elternhaus ist noch nicht zu bemerken. Man erinnerte sich an die kranke Anette.

Auf die Frage, was man Papa und Mama schreiben soll, bat zuerst Olja, und dann Sonja, sich für den Löwen und den Papagei zu bedanken.

Beim Abendtee ist die Brotration festgelegt worden, für jede zwei Brezel und ein Brötchen. Ist das genug?

Dann das gewohnte Bad und Einnahme der vom Arzt verordneten Medizin. Alles unter unmittelbarer Beobachtung von Elisaweta Iwanowna. Sonja brach in Tränen aus, als sie erfuhr, daß Elisaweta Iwanowna zu sich nach Hause gehen wird und nicht bei ihnen schläft. Man hat sie so einigermaßen beruhigt. Übrigens, die Kinder lieben Christina auch sehr viel mehr als das Dienstmädchen Marie, das sie für böse halten.

Wegen zweimaligen Niesens ist das morgige Bad gestrichen worden. Ob das gut ist?

Sonja wird regelmäßig mit der Salbe eingerieben.

Mittwoch, den 10. September

Die Nacht verlief für die Kinder ruhiger als die vorangegangene. Diese Aussage muß man aber vielleicht auch dem viel ruhigeren und festeren Schlaf von Christina zuschreiben, die Elisaweta Iwanowna im Kinderzimmer ersetzte. Es wurde weniger gehustet, höchstwahrscheinlich eine segensreiche Folge der Medizin.

Beim Aufstehen wurde eine gewisse Unordnung von Onkel Fedja bemerkt. Olja erschien 8 1/4 Uhr zum Tee, Sonja erst um

9 Uhr. Nach Meinung von Onkel Fedja könnten die Kinder um 8 Uhr aufstehen, wenn sie sich abends um 8 Uhr schlafen legen. Aber Onkel Fedja mußte eine schwere Niederlage von Elisaweta Iwanowna erleiden, die behauptete, daß man ein vierjähriges Kind überhaupt nicht wecken dürfe. Wundervoll! Onkel Fedja ist damit einverstanden. Er fragt sich aber, ob Sonja wirklich bis 9 Uhr geschlafen hat oder sich nur im Bett geaalt hat. Das ist unaufgeklärt geblieben.

Bis zum Frühstück befaßten sich die Kinder mit Bildern. Sonja versuchte, einen Kreisel in Gang zu bringen, schaffte es aber nicht. Zum Frühstück kam Elisaweta Iwanowna. Nach dem Frühstück ging Elisaweta Iwanowna mit Lebensmitteln zu Talja in das Institut. Die Kinder gingen mit Marie in den Alexander-Garten. Onkel Fedja begleitete nach seiner Rückkehr aus dem Departement die Kinder bis zu dem kleinen Berg. Olja, die den Löwen mitgenommen hatte, ließ ihn sehr erfolgreich über den Sand kriechen. Sonja versuchte dasselbe mit dem Papagei, jedoch mit viel weniger Erfolg. Der Versuch, den Regenbogen an der Fontäne zu beobachten, ist ebenfalls mißlungen.

Um vier Uhr hatten die Kinder eine große Freude, sie haben aus der Ferne Mama gesehen, die zum Garten gefahren war, um einen Blick auf die Kinder zu werfen, aber natürlich nicht in ihre Nähe gekommen ist.

Direkt vor dem Mittagessen gab es ein Ereignis. Sonja begann, neben Elisaweta Iwanowna Streiche zu machen, fiel hin und weinte. Wenn das Gebrüll auch ziemlich bedeutend war, passiert ist anscheinend doch nichts Ernsthaftes. Während des Mittagessens kam ein Telegramm von Tante Gulja, als Antwort auf das Telegramm, das gestern von Onkel Fedja abgeschickt worden ist. Als Folge der außergewöhnlichen Geschehnisse hat sie ihre Abfahrt beschleunigt und wird am Freitag in Petersburg eintreffen, das heißt, übermorgen. Als man den Kindern erklärte, daß Marusja sehr bald zu ihnen zurückkehrt, hat Olja gesagt:

„Ich werde Marusja süß küssen!"

Und Sonja wiederholte:

„Auch ich werde Malusja süß küssen!" und wegen ihres Unverstandes hat sie noch hinzugefügt. „Und bittel werde ich sie küssen!"

Dann etwas Neues. Sonja vergoß Wasser mit Wein auf die Tischdecke, und da diese Tat mit einigen, die Schuld erschwerenden

Umständen verbunden war, erhielt sie einen Tadel von Elisaweta Iwanowna.

Am Abend befaßten sich die Kinder wiederum mit Bildern.

Donnerstag, den 11. September

Die Kinder erhoben sich fast zur selben Zeit. In der Nacht haben sie nicht gehustet. Nach dem Bad erschien Olja als erste am Teetisch. Onkel Fedja begann mit ihr ein Gespräch über die Notwendigkeit, die deutsche Sprache zu lernen, und darüber, daß Papa und Mama ihr gerade mit diesem Ziel ein deutsches Kindermädchen zugeteilt haben.

„Wie ist deine Meinung? " fragte Onkel Fedja.

„Was ist das, die Meinung? " entgegnete Olja.

Das Resultat des Gesprächs erwies sich jedoch als günstig. Es wurde beschlossen, sich heute morgen der deutschen Sprache anzunehmen.

Dann erschien auch Sonja. Bei Ausgabe ihrer gewohnten Portion Tee erklärte sie, daß sie kein salziges Brötchen liebe, sondern ein süßes Brötchen will.

„Ausgezeichnet." sagte Onkel Fedja.

„Warum ausgeteichnet? " fragte Sonja.

Onkel Fedja fand nichts, was er auf diese Frage antworten konnte.

Nach dem Tee war die erste Deutschstunde. Objekt des Studiums war ein neues, hübsches Buch mit deutschen Erzählungen, in denen alle Hauptwörter durch farbige Darstellungen ersetzt waren. Olja und Sonja waren sehr aufmerksam. Olja machte eine interessante philologische Bemerkung: Sie fand heraus, daß das deutsche Wort „*heute*" zwei Bedeutungen hat und auf russisch mit den Worten „*heute*" und „*Häute*" übersetzt werden kann.

Dann der Spaziergang mit Marie im Alexander-Garten. Sonja trug Onkel Fedjas Portefeuille bis zum Ministerium und übergab es dem Portier.

„Ich habe gar keine Angst vor ihm gehabt!" sagte sie später.

Beim Frühstück geschah nichts Besonderes.

Nach dem Frühstück führte Elisaweta Iwanowna die Kinder in den Garten, und Onkel Fedja begab sich in das Katharineninstitut, um Talja zu besuchen und ihr einige Süßigkeiten zu bringen. Die zierliche, nette Talja behält auch in ihrer Institutsuniform jene *air de distinction*, die sie immer charakterisiert. Sie langweilt sich ein bißchen, lernt aber anscheinend gut, denn in Arithmetik hat sie eine 10 erhalten. Schade, daß sie sich nicht in der deutschen Sprache üben will, und die Erzieherinnen überlassen es offensichtlich dem Willen der Zöglinge, ob sie sich ausschließlich in französisch ausdrücken oder abwechselnd in der einen oder der anderen Sprache.

Olja und Sonja haben im Alexander-Garten wieder Mama gesehen.

Beim Mittagessen sagte Sonja, daß es sie sehr langweilt, daß Onkel Fedja so oft zum Dienst geht. Onkel Fedja erläuterte, wenn er nicht zum Dienst gehen würde, so bekäme er auch kein Gehalt und hätte in diesem Fall auch keine Möglichkeit, Sonja ein Mittagessen zu geben.

Dabei erinnerte sich Sonja, daß auch sie sich heute morgen sehr abgemüht hat, als sie das Portefeuille ins Ministerium trug, und meldete ihren Anspruch auf ein Gehalt an. Diese Frage untersteht noch einer Beratung.

Elisaweta Iwanowna regte heute eine andere Frage von etwas delikaterer Art an, über die schriftlich zu berichten unangenehm ist. Vielleicht wird Doktor Scheschelenko einen guten Rat geben.

Zum Ende des heutigen Tages muß man leider in der Chronik noch die Tränen von Sonitschka vermerken. Beim Einreiben mit Salbe brach Sonja in Tränen aus und verlangte, daß Elisaweta die Nacht bei ihr verbringt.

Da der Husten bei beiden Kindern völlig vergangen ist, ist beschlossen worden, die Einnahme von Medizin einzustellen.

Freitag, den 12. September

Beim Morgentee ist nichts Bemerkenswertes passiert. Die Deutschstunde besteht aus Lesen und Erläutern einer Geschichte mit dem Namen: *Karlchens Glücksschuß*, das heißt, über den glücklichen Schuß von Karluscha. Tatsächlich, ein sehr glücklicher Schuß, weil die Kugel, gerichtet auf einen großen Fisch, der im See schwamm, nicht nur den Fisch getötet hat, sondern noch als Prallschuß einen am Ufer des Sees weidenden Hirsch umgeworfen hat, der im Fallen zwei Fasane erdrückte. Alles das wurde Beute von Karluscha, dank eines einzigen Schusses, und als er voller Freude in die Hände schlug, hat er ein zufällig vorbeifliegendes, fettes Haselhuhn erwischt. Sonja hat sich aber überhaupt nicht für die Geschichte dieses Wunderschusses interessiert, sondern nur versucht, in Erfahrung zu bringen, warum dieser Junge Karlik, also Zwerg, genannt wurde.

Bei der armen Olja hat fast den ganzen Tag der Kopf weh getan. Wie sich später herausstellte, Ursache des Schmerzes war ein nervöser Zustand, hervorgerufen durch das zu erwartende Eintreffen von Marusja.

Nach dem Frühstück fuhren Elisaweta Iwanowna und Onkel Fedja mit den Kindern zu einer Blumenausstellung. Als Onkel Fedja, der Sonja an der Hand hielt, auf die Freitreppe hinaustrat, schaute er umher und rief:

„Keine einzige Droschke! Was für ein Affront!"

Als Sonja das letzte, unbekannte Wort hörte, wurde sie lebendig, ihre Äuglein begannen zu glänzen, sie streckte sich nach Onkel Fedja und begann zu bitten:

„Onkel Fedja, zeig mir den Afflon!"

Aber schnell fand sich eine Droschke ein, und die Gesellschaft fuhr zum Gebäude der Admiralität, wo sich die Ausstellung befand.

Beim Eintritt versuchte der Kassierer, von jedem der Mädchen einen Rubel einzunehmen. Aber Elisaweta Iwanowna erklärte tapfer, ihr sei wohl bekannt, daß selbst der berühmte Doktor Regel verboten hat, von Kindern Eintrittsgeld zu verlangen. Der Kassierer murmelte, keineswegs überzeugt, still vor sich hin: „Ce que femme veut..." und wagte nicht, weiter darauf zu bestehen.

Wir betraten die Ausstellung unter den Klängen von:

„Gott schütze den Zaren!"

Dann spielte man einen Marsch. Das hat den Kindern sehr gefallen. Sonitschka versuchte sogar, im Takt zu marschieren, aber mit ziemlichem Mißerfolg.

Man wurde ziemlich bald der Blumen überdrüssig, besonders nach dem erfolglosen Versuch, den Duft der Astern, Kakteen und anderer Pflanzen zu genießen. Die Mädchen beschwerten sich über Müdigkeit, und nur die Hoffnung, bald die Mama zu sehen, hielt sie auf der Ausstellung fest.

Mama kam gegen vier Uhr.

Beim Mittagessen fragte Onkel Fedja Sonja nach ihrer Meinung über die Ausstellung.

„Schlecht, mies!" lautete die Antwort. „Die Blumen riechen überhaupt nicht!"

Wie gut, daß Elisaweta Iwanowna sich so tapfer geweigert hatte, den Rubel für Sonitschka zu entrichten.

Gegen sechs Uhr ging Onkel Fedja zum Bahnhof, um Tante Gulja abzuholen. Der Zug rollte sehr schnell an den Bahnsteig heran, aus dem Fenster lugte das Köpfchen Marusjas, die Onkel Fedja sofort erkannte und ihn rief.

Die Begegnung, Umarmungen, abgehackte Gespräche... alle nahmen in der Kutsche Platz und fuhren nach Hause.

Unterwegs fragte Marusja dauernd, ob wir bald die Sapernij Gasse passieren. Onkel Fedja versuchte, ihr die Topographie von Petersburg zu erklären.

Als sie ankamen, rannte Marusja, ohne sich auszuziehen, ins Eßzimmer und begann, Olja und Sonja zu rufen. Die Mädchen begegneten sich im Saal. Erst einige Augenblicke des lautlosen Betrachtens, dann näherte Marusja sich Sonja und küßte sie, dann stürzte sich Olja auf Marusja und nahm sie in ihre Arme. Hier hat Sonja nicht unterlassen können, ihre Beredsamkeit zu demonstrieren, indem sie begann, Marusja zu erzählen, daß Olja eine Greisin sei – weil sie keine Zähne habe. Dann begann Sonja unter lautem Schreien und Lachen, die Handschuhe von Marusjas Händen zu zerren. Die Anstrengungen waren so groß, daß nicht viel fehlte und beide wären hingefallen. Aber die Handschuhe waren noch nicht endgültig abgelegt, als Olja plötzlich erklärte, sie habe ein Geheimnis für Marusja. Alle drei Mädchen liefen in den Vorraum. Der Chronikschreiber versuchte, ihnen zu folgen, aber man ließ ihn nicht das Geheimnis mithören, und dadurch wird dieser wichtige historische Augenblick, die Verhandlungen im Vorraum, für immer der Nachkommenschaft verloren bleiben. Es ist nur bekannt, daß auch Marusja später über ein Geheimnis verfügte. Die Lebendigkeit der Kinder an diesem ersten Abend der Begegnung erreichte einen außergewöhnlichen Umfang. Besonders interessant war Sonitschka, die immer hinter den beiden älteren herhüpfte und immerfort versuchte, sich mit dem Gesicht direkt vor Marusja aufzustellen und sich mit den Augen in sie hineinsaugte. In den Pausen wurde die Bewerkstelligung eines Salto mortale versucht, was notwendigerweise das Einschreiten der Polizeiaufsicht hervorrief.

Um neun Uhr ruhten alle in ihren Bettchen. Nachdem er heute die Kinder beobachtet hat, erlaubt Onkel Fedja sich die nun folgende Exkursion in das Reich der Psychologie. Was für eine egoistische Schöpfung ist doch das Kind! Jede Minute drückt sich die Eigenliebe in ihm aus, schonungslos und durch nichts verschleiert. Und später? Zusammen mit den Jahren wächst dieser Egoismus in geometrischer Proportion und verliert nur eine seiner Eigenschaften: seine Harmlosigkeit. Zugleich aber erwirbt er eine andere: die Kunst, seine Ausbrüche zu verbergen. Und diese Kunst wird herkömmlich Erziehung genannt... Vorbei, vorbei...!

Sonnabend, den 13. September

Für die Nacht sind Olja und Sonja vorübergehend im Saal untergebracht worden, das heißt, in der nächsten Nachbarschaft von Onkel Fedja, der es für seine heilige Pflicht hält, zu erklären, daß alle Behauptungen über die Unruhe, die Sonitschka in der Nacht verursacht haben soll, Verleumdungen darstellen. Onkel Fedja hat in seinem Zimmer weder nächtliche Gespräche, noch Weinen oder Schreie gehört. Die Nacht verlief vollkommen ruhig.

Am Morgen fühlte sich die arme Olja schlecht. Sie wurde blaß und mußte sich auf den Diwan legen. Tante Gulja und Onkel Fedja erschraken sehr. Aber sie erholte sich schnell und trank mit allen zusammen Tee. Nach dem Tee eröffnete Sonja das Resultat der gestrigen Unterredungen mit Marusja.

„Malusja sagt, daß sie sich in Frankreich sehr geängstigt hat."

„Warum hat sie denn Angst gehabt? "

„Weil dort alle Soldaten sind!"

Die weiteren Erläuterungen erwiesen sich als völlig unverständlich.

Wegen der vielen Zerstreuungen und Mühen gab es heute keine Stunde Deutschunterricht. Überhaupt, in der Lebensweise und im Betragen von Olja und Sonja sind mit der Ankunft Marusjas große Veränderungen eingetreten. Marusja ist zum Autoritätszentrum geworden, um das sich ständig die kleinen Satelliten drehen. Marusja hat so sehr die Aufmerksamkeit der beiden kleineren in Anspruch genommen, daß sie für den Chronikschreiber viel weniger zugänglich wurden, so daß seine Chronik notwendigerweise, was Genauigkeit und Vielseitigkeit anbelangt, leiden muß. Zugleich muß man eingestehen, daß Marusja, nachdem sie eine gewisse Zeit im republikanischen Frankreich gewesen war, von dort einen gewissen Geist von Freiheit und sogar Zügellosigkeit importiert hat, um nicht das bemitleidenswerte Wort Ansteckung zu gebrauchen, der sich schlecht mit der bei uns überall etablierten ordnungsgemäßen Ruhe, mit Wohlstand und Gehorsam in Einklang bringen läßt.

Der Chronikschreiber vermerkt mit besonderer Freude zwei bemerkenswerte Ereignisse, die sich heute ereignet haben, und in denen die revolutionären Bestrebungen Marusjas eine gerechte und natürliche Reaktion seitens der vernünftigen Sonja hervorgerufen haben.

Während des Mittagessens dachte Marusja daran, Onkel Fedja mit dem Spitznamen „*Franzose*" zu diffamieren; diesem Ausfall schloß sich auch Olja an. Onkel Fedja, mit dem so etwas zum ersten Mal im Leben passierte, hat derart die Fassung verloren, daß er seinerseits anfing, Marusja „*Französin*" zu nennen. Der Lärm war unbeschreiblich, und zur äußersten Verlegenheit von Onkel Fedja wurde die Ordnung von der Jüngsten wieder hergestellt, von Sonja, die den Streit beendete, indem sie sagte:

„Niemand ist ein Franzose, und jetzt muß man essen!"

Der zweite Fall einer so segensreichen Reaktion passierte nach dem Mittagessen. Die Kinder zogen sich ins Speisezimmer zurück und unterhielten sich, auf dem Diwan sitzend, miteinander. Da kehrte Sonja auf einmal in den Saal zurück und sagte gekränkt zu Tante Gulja:

„Malusja elzählt uns ein neues Märchen, das wir überhaupt nicht kennen!"

Sie wollte das neue Märchen auch nicht zu Ende anhören, trotz aller Lockrufe der revolutionären Marusja.

Die unordentliche Darlegung der Ereignisse des heutigen Tages stellt eine natürliche Folge jener Veränderung dar, die seit gestern im Leben der Bewohner der Wohnung Pewtscheskij Brücke Nr. 8 geschehen ist.

Der Chronikschreiber entschuldigt sich im voraus, daß er nicht in der Lage sein wird, wie bisher jede Bewegung, jedes Wort seiner kleinen, kostbaren Wesen zu notieren. Die Fürsorge ist gleichermaßen zwischen Tante Gulja und Onkel Fedja aufgeteilt worden, wobei „*gleichermaßen*" kein genauer Ausdruck ist, da auf den weiblichen Teil immer mehr entfällt.

Die Ankunft von Elisaweta Iwanowna erweckt jedesmal große Freude bei allen und bringt eine Belebung im Spiel und in den Beschäftigungen der Kinder mit sich.

Sonntag, den 14. September

Das Ritual des Aufstehens vollzieht sich zur Zeit mit der nötigen Richtigkeit. Bei Sonja legte sich die nette Gewohnheit fest, morgens im Kabinett von Onkel Fedja zu erscheinen, wenn auch nicht mit den gemeinsam eingeführten Fragen nach der vergangenen Nacht, Wünschen guter Gesundheit, Bemerkungen über das Wetter usw., so immerhin doch mit dem offensichtlichen Wunsch einer morgendlichen Begrüßung.

Heute hat Onkel Fedja Sonitschka mit zwei berühmten historischen Persönlichkeiten bekannt gemacht: Peter dem Großen und Bismarck. Über Bismarck in Militäruniform hat Sonja sich sehr gerecht geäußert, daß er einem Offizier ähnlich sieht. Was das Gesicht anbelangt, so fand sie eine Ähnlichkeit mit Onkel Fedja heraus, eine offensichtliche Schmeichelei. Peter der Große, im Panzer, gefiel ihr gleich.

Vor dem Mittagessen wurde die Geschichtsstunde wiederholt. Sonja wurde zuerst das Portrait von Bismarck gezeigt. Sie dachte nach und sagte:

„Das ist Nasmolk!"

(unübersetzbares Wortspiel: *nasmork* heißt Schnupfen)

Und fügte sofort hinzu:

„Und ist es wahr, daß der andere Petel der Große ist?"

O, liebe Sonitschka, wie jubelte Onkel Fedjas Herz! Man kann Bismarck gar nicht besser als einen Schnupfen bezeichnen, von dem unsere Diplomatie sich nicht befreien kann, da sie sich in den undurchdringlichen Sümpfen der politischen Begierden verirrt hat. Zugleich aber hat das patriotische Gehirnlein richtig den Namen des großen Veränderers Rußlands vorgeraunt.

Nach dem Frühstück waren die Kinder zusammen mit Tante Gulja bei Talja im Institut.

Der Abend wurde hauptsächlich mit verschiedenen Kunststücken ausgefüllt, die Marusja aus Frankreich eingeführt hat.

Montag, den 15. September

Die Kinder sind im Zustand einer beneidenswerten Gesundheit aufgestanden. Olja, wenn auch noch blaß, behauptet jetzt, daß sie sich gut fühlt. Aber vor dem Frühstück war sie schwindelig. Der Appetit bei ihr ist gut, und dieser Umstand hat dauernde Tränen beim Frühstück und beim Mittagessen zur Folge, da man wegen der Diät, die ihr vom Arzt verordnet worden ist, oft gezwungen ist, ihre Forderungen abzulehnen.

Marusja hat heute ihre erste Französischstunde den Schwesterchen erteilt, die ihre Worte wiederholten. Sonja wollte der französischen Stadt Boulogne absolut nicht ein Recht auf Existenz anerkennen und nannte sie daher Buljon.

Marusja will Briefmarken sammeln, obwohl Onkel Fedja versucht hat, sie davon zu überzeugen, daß das eine unnütze Beschäftigung sei, die obendrein noch Geographiekenntnisse verlange. Aber Marusja bestand auf ihrem Willen und Onkel Fedja mußte ihr versprechen, ihr Briefmarken aus dem Departement zu bringen, was übrigens nicht schwer zu erfüllen ist.

Die Kinder waren heute zweimal im Alexander-Garten. Zum ersten Mal unter der Beobachtung von Marie, und nach dem Frühstück in Begleitung von Tante Gulja.

Sonja hatte heute nach dem Mittagessen den ersten Anfall von akuter Bockigkeit. Ohne ersichtlichen Grund wurde sie böse, warf sich auf den Fußboden und schrie einige Minuten mit bemerkenswerter Beständigkeit immer ein und denselben Satz:

„Schlechter Onkel Fedja!"

Tante Gulja beauftragte Onkel Fedja, ein Buch für Talja zu kaufen, die sich über ungenügenden Lesestoff beschwert hatte. Diese Aufgabe bringt Onkel Fedja in außerordentliche Verlegenheit.

Dienstag, den 16. September

Zum Morgentee erschien als erste Olja. Den Anweisungen des Arztes entsprechend wird sie nicht gebadet. *Elle avait très bonne mine* und sagte, daß sie sich ganz wohl fühle. Dann kam Marusja, und endlich raste Sonja herein, frisch, glänzend. Sie erklärte sofort:

„Christina hat so viel Wasser eingegossen, als ob ich im *Meel* bin!"

Offensichtlich ein Widerhall der Erzählungen von Marusja über das Baden in Boulogne.

Die Kinder waren zweimal im Alexander-Garten und benahmen sich nach Angaben von Tante Gulja mustergültig. Es ist aber eine gewisse Eifersucht unter den Kindern zu bemerken, je nachdem, mit wem die Tante sich befaßt.

Die Autorität von Marusja beginnt zu verschwinden. Als Folge der gestrigen Französischstunde wollte Marusja auch heute die

Rolle einer Lehrerin spielen. Aber, o weh, beim Frühstück bemerkten die beiden jüngeren, daß ihre Lehrerin die Finger im eigenen Teller versenkte. Sonja entschied sofort:

„Das ist keine Lehrerin, sondern ein kleines Mädchen, das eine Lehrerin spielt!"

Nach dem Frühstück zog sich der Chronikschreiber in sein Zimmer zurück, als plötzlich ein *contralto* Weinen von Sonitschka ertönte. Was war passiert?

Tatsächlich, etwas Unglaubliches. Sonja, die in der französischen Sprache fortschreiten will, hatte Tante Gulja gefragt:

„Wie nennt man *canal* auf französisch? "

Tante Gulja erklärte ihr, daß „*canard*" ein französisches Wort ist. Doch Sonja wollte absolut nicht begreifen, wie ein französisches Wort in der russischen Sprache verwendet werden kann. Das erschien ihr beleidigend, und sie begann zu weinen.

Hier ist eine Erklärung unerläßlich. Wenn man nach dem Mittagessen Kaffee trinkt, gibt Tante Gulja den Kindern gewöhnlich Zuckerstückchen mit einigen Tropfen des arabischen Getränks. Das nennt man auf französisch „*canard*". Die Kinder lieben diese Leckerbissen sehr und warten immer ungeduldig auf die Verteilung der „*canards*". Sie dachten aber nicht daran, sich in philologische Untersuchungen einzulassen, bis Marusja erschien, die mit ihrer französischen Sprache neue Horizonte eröffnete.

Wegen einer Unaufmerksamkeit des Dienstmädchens ist ein kleines Wägelchen, das vorläufig nicht für den Gebrauch bestimmt war, auf einen schlechten Platz gestellt worden. Die Kinder bemerkten es und gaben natürlich keine Ruhe, bis ihnen das Wägelchen überstellt worden ist. Ihre Begeisterung war aussergewöhnlich, und dieses Spielzeug bildet jetzt den Mittelpunkt aller Freuden.

Die arme Olja kann sich ihre periodischen Tränen beim Mittagessen nicht abgewöhnen. Heute bildete der Umstand, daß man sie am Tisch nicht neben Elisaweta Iwanowna setzte, den Grund dafür.

Übrigens hat auch Sonja am Tisch nicht den Ruf eines klugen Mädchens aufrechterhalten. Sie heulte los, *ohne Tränen*, weil man ihr nicht Wasser mit Wein gleich nach der Suppe gegeben hatte.

Am Abend beschäftigten sich die Kinder mit Bildern. Olja erläuterte ihren Schwestern sehr nett den Inhalt dieser Bilder. Beim Schlafengehen erklärte Sonja, daß sie so *in Trauer* sei, weil Tante Gulja nicht bei ihrem Spaziergang dabei gewesen war.

Mittwoch, den 17. September

Heute ist der Tag der Wera, Nadeschda, Ljubow, Sofija und Agifokleja, demnach der Namenstag von Sonja. Da Papa jedoch gesagt hat, daß die Kindernamenstage nicht gefeiert werden sollen, ist dieser Umstand mit Schweigen übergangen worden. Tante Gulja hat zwar bei Tisch beinah aus der Schule geplaudert, das hatte aber keine Folgen. Übrigens, dieser trübe und graue Tag war ein Unglückstag für die arme Sonitschka. Am Morgen spuckte sie auf Marusja und erhielt dafür einen strengen Tadel. Beim Mittagessen war sie sehr nett, wurde jedoch gegen Ende störrisch und wollte sich nach dem Essen nicht bei Onkel Fedja und Tante Gulja bedanken. Da Elisaweta Iwanowna sich zur Strafe weigerte, mit ihr zu spielen, wurde Sonja endgültig böse, warf sich auf das Kanapee, fing an zu schreien und zu heulen, ohne Tränen, so lange und so stark, daß Onkel Fedja sie auf den Arm nahm und ins Schlafzimmer trug, wo er sie Christina anvertraute. An diesem Abend erschien Sonja nicht mehr und wurde bald schlafen gelegt. Sie bat zwar, Tante Gulja zu rufen, um mit ihr zusammen das Gebet zu sprechen, daraus wurde aber nichts, und sie schlief fast augenblicklich ein.

Onkel Fedja fragte sich nachher, ob er gut daran getan hat, Sonja aus dem Zimmer zu tragen. In solch einer Handlungsweise drückt sich doch Gewalt aus, die sich in dem zarten seelischen Zustand des Kindes widerspiegeln kann. Später, wenn das Geheul auch unerträglich erscheint, wird es vielleicht besser sein, den Anwesenden, Onkel George nicht ausgenommen, vorzuschlagen, sich die Ohren mit Watte zuzustopfen.

Tante Gulja fuhr mit Olja zu Doktor Scheschelenko. Über die Einzelheiten dieser Konsultation ist extra in die Sapernij Gasse geschrieben worden.

Der Chronikschreiber hält es für seine Pflicht, folgende Tatsache, die ihm von Tante Gulja erzählt wurde, einzutragen:

Die Kinder haben sich vor dem Mittagessen Bilder besehen. Marusja und Olja zeigten, was ihre „*Lieblingsbilder*" sind. Darauf hat Sonja in überlegenem Ton erklärt:

„Wie kann denn Papier ein Liebling sein?"

Onkel Fedja hat Marusja nach Onkel Robe gefragt, den sie im Ausland gesehen hat.

„Ach, er ist solch ein *Rowdy!*" antwortete sie.

Ein fünfzigjähriger Rowdy?!

Donnerstag, den 18. September

Nach dem gestrigen Sturm war heute gutes Wetter. Die Kinder haben sich fast zur gleichen Zeit am Teetisch versammelt. Olja äußerte den Wunsch, nach Tiflis zu fahren. Sonja unterstützte diese Absicht, indem sie hinzufügte, daß sie hier ja nur zu dritt seien. Dann fügte man noch die meteorologische Betrachtung hinzu, daß es in Tiflis niemals Winter gibt. Olja erläuterte, daß dort sogar einmal die Schlitten umgekippt sind. Marusja schloß sich ebenfalls den Belobigungen von Tiflis an, dort sei der Garten viel besser als der Alexander-Garten, er steige den Berg hinauf. Auf die Frage Tante Guljas, was denn besser sei, Tiflis oder Boulogne, antwortete Marusja wie Rossini. Ihn fragte man einmal, welche seiner Opern er am meisten liebe, und er antwortete: *Don Juan.*

Frage: „Was ist schöner, Tiflis oder Boulogne?"

Antwort: „Petersburg!"

Erst später, und offensichtlich als liebenswürdiger Rückzieher, gab Marusja zu, daß Boulogne besser sei. Es braucht aber keinem Zweifel zu unterliegen, daß Tiflis in all diesen jungen Herzen den ersten Platz belegt hat.

Nach dem Frühstück wiederholte Sonja mit Onkel Fedja die Fabel „*Die Meerkatze und die Brille*", um sie beim ersten Rendezvous Papa vortragen zu können. Die Kinder befaßten sich heute außerdem mit dem „*Turm zu Babel*", wobei Onkel Fedja aus Holzklötzen einen hohen Turm baute und dadurch einen großen und unerwarteten Effekt erzeugte.

Sonitschka, die sich weiter unter Aufsicht von Christina mit den Holzklötzen befaßte, begann, sie wegen ihrer schlechten Kenntnisse der russischen Sprache zu tadeln. Solch einen Vorwurf mußte die arme Schwedin Christina wohl zum ersten Mal in ihrem Leben anhören.

Nach dem Frühstück fuhren Tante Gulja und Marusja mit einem Vorrat von Pastetchen, die mit Kohl und Rindfleisch gefüllt waren, Talja zu besuchen. Später kam auch Onkel Fedja und brachte ihr das Buch „*Paul et Virginie*", mit Illustrationen, sowie ein Pfund Weintrauben. Bei dem Gespräch erwies sich, daß Talja keine Seife mehr hat. Deshalb fuhr Onkel Fedja zu einem Laden und kehrte auch sofort mit diesem unentbehrlichen Teil der Toilette zurück. Talja sieht im Institutskleidchen sehr lieblich aus, obwohl sie selbst unzufrieden aussieht und es nicht liebt, wenn man ihre Kleidung analysiert. Sie hat ein gesundes Aussehen, langweilt sich aber. Sie hat sich sehr für die Muscheln interessiert, die ihr Marusja vom Seeufer mitgebracht hat und betrachtete sie mit großer Aufmerksamkeit.

Beim Mittagessen muß man mit Sonja ständig wegen des Getränks handeln. Sie kann sich keineswegs mit der Anordnung Mamas versöhnen, daß Wasser mit Wein erst nach dem zweiten Gang getrunken werden darf. Heute hat Onkel Fedja Sonja vorgeschlagen, der Mama eine Bittschrift einzureichen. Je nach der dann folgenden Resolution würde auch gehandelt. Es ist unbekannt, ob Sonja diese Bittschrift absenden wird oder nicht.

Olja hat sich gestern mit dem Federspiel befaßt und gab es absprachegemäß ganz und heil an Onkel Fedja zurück.

Freitag, den 19. September

Sonitschka kam als erste, um Onkel Fedja in seinem Kabinett guten Morgen zu sagen. Es stellte sich aber heraus, daß sie noch nicht gebetet hatte, und deshalb führte Tante Gulja sie in ihr Zimmer zurück.

Sonitschka hat sich wieder für Peter den Großen und Bismarck interessiert und wünschte, ihre Bilder zu sehen. Sie trauerte sehr darüber, daß Peter der Große nicht mehr auf der Welt weilt. Diesem Gram werden sich zweifellos alle wohlmeinenden Russen anschließen.

Nach dem mißlungenen Versuch, eine Eidechse mit Fliegen zu füttern, ist man zur Operation des Nägelschneidens übergegangen. Schon vor zwei Tagen hatte Onkel Fedja bemerkt, daß Sonja lange Nägel hat. Er wollte sie schneiden, aber Sonja fragte:

„Ist denn heute Freitag? "

„Nein, kein Freitag."

„Mama schneidet uns die Nägel immel am Freitag, und niemals andelsmal, sondern immel am Freitag, immel am Freitag..."

Und so weiter, bis zur Unendlichkeit.

Nach diesem Gespräch hat sich Onkel Fedja im voraus mit einer besonderen Schere versorgt und lauerte auf den Freitag. Aber auch mit dem neuen Instrument erwies sich die Operation als äußerst schwierig, vor allem bei Sonja, die keine Sekunde unbeweglich bleiben kann. Onkel Fedja konnte trotz all seiner Mühe diese kleinen Nägel nicht in solch einen Zustand der Vollendung bringen, in dem er sie früher gesehen hatte, nachdem sie die geschickten Hände der Mama durchlaufen hatten. Olja erläuterte, daß die Schere bei Mama viel kleiner ist, und Sonja fügte hinzu, daß Mama die Schere nicht so weit aufsperrt wie Onkel Fedja. Mit einem Wort, die Tat hat vor dem Meister Angst, und dieser Fall wird noch ein genaues und vielseitiges Studium erfordern.

Sonja wiederholte weiter die Fabel „*Die Meerkatze und die Brille*" und Olja begann, mit Tante Gulja die Fabel „*Die Krähe und der Fuchs*" zu lernen.

Dann hat man sich des „*geizigen Menschen*" angenommen, und unter Beobachtung von Marusja, die eine Geldbörse hatte, hat man dieses unersättliche Wesen mit kleinen Münzen gefüllt.

Eine notwendige Erläuterung:

Spätere Kommentatoren werden natürlich der Schwierigkeit begegnen, den Namen „*geiziger Mensch*" zu erklären, dem er in diesem Bericht begegnet. Es wird daher nicht überflüssig sein, zu erläutern, daß hier die Rede von einer Sparbüchse ist, die den berühmten Lumpen Strusberg darstellt, der mit gieriger Hand das Geld nimmt und es in der Westentasche verschwinden läßt, indem er sich dabei vor dem Geber verbeugt.

Dann setzten sich alle, um zu zeichnen, und Onkel Fedja ging zum Dienst.

Vor dem Frühstück wurde das von Mama geschickte warme Mäntelchen für Sonja anprobiert. Ein hellbraunes, mit gewellten Fransen, ist ausgesucht worden. Übrigens, heute wird es nicht gelingen, es auf der Straße zu tragen. Der Wind ist so kalt, daß man sich entschlossen hat, vom üblichen Spaziergang Abstand zu nehmen. Später aber kam die Sonne doch heraus, und da Bewegung an der Luft notwendig ist, und die Kinder gerne spazierengehen, entschloß sich Tante Gulja, doch einen kleinen Spaziergang zu machen.

Die Kinder freuten sich und liefen zum Ankleiden, doch, o weh, im Schlafzimmer fiel das Barometer. Das Ankleiden ging nicht ohne Tränen vonstatten. Marusja weinte, als sie bei den Schwestern neue Hüte sah, während sie selbst nur ihren alten, aus Stroh, hatte. Olja wurde auf Christina böse und begann ebenfalls, Tränen zu vergießen. Endlich begann Sonja aus einem Grund zu heulen, der, wie viele, ungeklärt blieb. Der Chronikschreiber hat später versucht, die unmittelbare Quelle dieser Tränen herauszubekommen, aber Sonja leugnete alles hartnäckig, indem sie sagte, daß das ein Geheimnis sei.

Der Spaziergang mußte sehr verkürzt werden. Auf dem Alexanderplatz konnte man dem Wind nicht widerstehen und später konnte man nicht in den Garten gelangen. Man ist entlang der Mojika herumgegangen.

Auch nach dem Mittagessen hat das Thermometer in der Wohnung Nr. 8 sehr niedrig gestanden. Das hinderte die Kinder jedoch nicht, sich unter der Beobachtung und tätigen Mithilfe von Elisaweta Iwanowna mit Bauklötzen zu beschäftigen. Die Kinder gingen sehr früh schlafen.

Feuilleton

Marusjas Erinnerungen an Paris und Boulogne niedergeschrieben nach ihren eigenen Worten

Paris ist eine große Stadt. Ich bin Karussell gefahren, habe einen Löwen gesehen, einen großen Elefanten, einen kleinen habe ich aber nicht gesehen. Die Gaststätte ist gut, dort ist ein lieber Junge die Hauswirtin. Ich bin auf einem Pferd geritten, wollte auch auf einem Elefanten reiten, aber Tante Gulja hat es nicht erlaubt. Dort gibt es auch eine kleine Pferdeeisenbahn für Kinder; man darf nur einen Kreis machen. Wir haben eine Puppe gekauft.

Boulogne. Habe im Sand mit anderen Kindern gespielt, die ich kannte. Baden ist sehr lustig. Dort waren zwei Mädchen, schlimme Engländerinnen. Tante Gulja sagte, daß ich nicht mehr mit ihnen spielen soll. Sie werfen immer Sand und Steine in die Augen. Während der Musik haben wir laut mit den Mädchen gesprochen, und der Gärtner sagte, daß wir nicht laut reden dürfen. Als die Musik aufhörte, sagte der Gärtner, daß er uns ins Gefängnis bringen wird. Ich habe Tante Gulja gesucht und eine Dame gefragt, wo die Tante ist. Ein anderes Mädchen hat sich auch verloren.

Frage des Chronikschreibers:

„Wie hast du dich denn von dem Gärtner befreit, der dich ins Gefängnis sperren wollte?"

Antwort von Marusja:

„Während er ein anderes Mädchen nehmen wollte, bin ich schnell weggelaufen, und später sind wir niemals mehr dorthin gegangen."

Sonnabend, den 20. September

Das barometrische Minimum lastet weiter über der Wohnung Nr. 8. Am Morgen verzankten sich Marusja und Olja, und die letztere hat sehr lange geschrien. Dann schubste Sonja Olja, wobei sie als erste wegen der Zurechtweisung von Onkel Fedja zu weinen begann.

Die Kälte erlaubte nicht, den gewohnten Spaziergang durchzuführen.

Die Kinder haben sich unter Anleitung von Tante Gulja mit Nähen befaßt, Sonitschka nicht ausgeschlossen, die auch irgendwelche Muster auf dem Kanevas herstellte.

Vor dem Mittagessen wurden den Kindern die Nachrichten von Papa vorgelesen. Die Bemerkung über die sieben Hunde von Anette hat sie sehr interessiert. Olja fragte:

„Ob sie lebendig sind? "

Sonja wurde sehr verlegen, als sie hörte, daß Papa sie wegen ihres Ungehorsams gar nicht mehr erkennt. Es ist zu hoffen, daß sie sich stillschweigend der Resolution der Mama bezüglich der Portion Wasser fügen wird.

Sonitschka ist anscheinend nicht ganz gesund. Sie beschwert sich nicht, hat aber heute müde Augen. Nach dem Mittagessen wollte sie sehr schnell schlafen, verlangte jedoch zuerst Tee. Tante Gulja und Onkel Fedja sind sehr besorgt. Der Morgen des nächsten Tages wird zeigen, ob ihr Zustand etwas Ernstes bedeutet. Auf jeden Fall wird morgen der Arzt kommen, den Tante Gulja für Sascha gerufen hat, der aus dem Lyzeum erschienen ist, bockig ist und den Pullover nicht anziehen will. Der Doktor wird nachsehen, ob Sonja tatsächlich krank ist, oder ob es sich nur um einen vorübergehenden Zustand *de malaise* handelt, dessen sie sich vermutlich selbst nicht bewußt ist.

Onkel Fedja mußte sich zu einer abendlichen Sitzung begeben, daher reißt die Chronik heute in der siebten Abendstunde ab.

Vor dem Mittagessen ist ein Mann nach Achille geschickt worden, es stellte sich jedoch heraus, daß er sich nach Zarskoje Selo begeben hat.

Sonntag, den 21. September

Gott sei Dank, alle Ängste sind vorbei. Sonitschka erhob sich heute sehr lustig, frisch wie immer. Beim Tee erklärte sie, daß die Salbe, mit der ihr Körper (sic!) eingerieben wird, ausgegangen ist. Sie ist beruhigt worden, indem man ihr sagte, daß sie morgen eine neue Salbe bekommen wird.

Marusja sagte, daß sie im Traum Mama geküßt hat, und Sonja bat, Mama zu sagen, daß sie sehr gut geschlafen hat.

Beim Teetrinken zeigte Sonja eine überragende Schläue. Plötzlich begann sie zu singen:

„Wie ist Tante Gulja komi..."

Hier riß die Stimme ab.

„Was ist? " fragte Onkel Fedja streng.

Sonja geriet gar nicht in Verlegenheit, blickte Tante Gulja fest an und sang weiter:

„Wie ist Tante Gulja gut, wie ist Tante Gulja gut..."

Der Kult Peters des Großen wird fortgesetzt. Sonja begann, das Buch mit seinem Portrait zu suchen, um es Tante Gulja zu zeigen, und erläuterte mit trauriger Stimme, daß er bereits gestorben ist. Und gleich, auf der Stelle, nannte sie den Imperator Peter den Großen „*Petraschka*", was allen sehr unpassend erschien. Die Kinder wollten noch einmal die sieben Namen der Hunde Anettes hören.

Dann befaßten sich alle unter der Obhut von Tante Gulja mit Nähen. Sonja sagte:

„Auch ich muß arbeiten. Onkel Fedja bittet immer und bittet. Es ist doch unanständig (sic!), wenn ich ihm nichts gebe."

Nach dem Frühstück fuhr Tante Gulja mit den Kindern zu Talja, erfuhr aber vom Pförtner, daß Talja im Krankenhaus ist. Daher mußten die Kinder nach Hause geschickt werden, worüber sie sehr traurig waren.

Die festgesetzte Mittagszeit von 6 Uhr wirkt sich anscheinend ungünstig auf die Kinder aus. Besonders Sonja zeigt bereits beim Mittagessen Anzeichen von Schläfrigkeit. Daher ist beschlossen, ab morgen wieder zu der früheren Ordnung zurückzukehren und das Mittagessen wieder um 5 1/2 Uhr einzunehmen.

Montag, den 22. September

Ein kalter Tag, starker Wind. Die Kinder konnten nicht spazierengehen. Der Tag wurde mit Beschäftigungen und Spielen verbracht. Nur beim Mittagessen begann die arme Olja, Tränen zu vergießen, weil man ihr den letzten Gang nicht geben konnte. Beim Abendtee erschien es Marusja, daß Sonja Anstalten trifft, ihren Tee auf die Untertasse zu gießen und von dort zu trinken. Aber entrüstet leugnete Sonja dieses Ansinnen und erklärte, daß von der Untertasse nur „ganz Arme und Alte" trinken.

Dienstag, den 23. September

Am Morgen erschien zuerst Sonja, dann Marusja. Marusja fragte Sonja, ob sie gebetet habe. Da sich herausstellte, daß dies nicht der Fall war, zogen sich die beiden Mädchen ins andere Zimmer zurück. Jetzt ist es so eingerichtet, daß Sonja unter der Leitung von Marusja betet, und nach Äußerung von Tante Gulja wird alles ordnungsgemäß durchgeführt. Olja will die Autorität von Marusja nicht anerkennen und betet deshalb mit Tante Gulja zusammen.

Das Ritual des Teetrinkens verlief in ausgezeichneter Ordnung. Tante Gulja hat Onkel Fedja das Verteilen der Brotration auferlegt. Die Zuckerkringelchen genießen schon nicht mehr solch ein Ansehen wie früher. Jetzt sind salzige Brötchen modern. Sie werden von allen Kindern gleich geliebt.

Nach dem Tee befaßten sich die Kinder mit dem Betrachten von Bildern. Marusja hat sie erläutert. Je nach dem Objekt ihrer Erzählungen kam Sonja zu Onkel Fedja angelaufen und bat um zusätzliche Auskünfte.

„Onkel Fedja! Ist es nicht gut, mit einem Bauernweib tu sprechen? "

Onkel Fedja benutzte diese Frage, um seine ultrademokratischen Ansichten zu propagieren, aber o weh, er hat bei den Mädchen wenig Anteilnahme oder Verständnis gefunden. Da wurde er sehr verlegen und schwieg.

„Onkel Fedja! Ist es nicht gut, mit Streichhölzern zu spielen? "

„Sehr schlecht, sehr schlecht!" beeilte sich Onkel Fedja, diese Frage zu bejahen, erfreut darüber, daß er sich in diesem Punkt unter Gleichgesinnten befand.

Der Regen störte den Spaziergang. Aber jetzt haben die Kinder warme Kleidung, und deshalb werden die Spaziergänge regelmäßig durchgeführt.

Beim Mittagessen fragte Onkel Fedja die Mädchen, was er an Papa und Mama schreiben soll. Olja sagte, er soll schreiben, daß sie *référence* gespielt haben und dann auf Tante Gulja herumkletterten (sic!). Sonja bat zu schreiben, daß wir Rindfleisch essen. Marusja gab eine Anekdote zum besten, wie Tante Gulja ihr in Boulogne zeigen wollte, wie man mit dem Ring spielt, und sie, das heißt, Tante Gulja, dabei hinfiel.

Am Abend hat Sonja sehr nett die Bilder erläutert und wieder gefragt, ob es gut sei, mit einem Bauernweib zu reden.

Was für eine Frage!? Was für ein Zweifel!?

Mittwoch, den 24. September

Morgens, als noch niemand aus seinem Appartement herausgegangen war, ertönte ein *contralto* Geheul von Sonitschka. Es war jedoch keine halbe Stunde vergangen, als sie in dem erwünschten Geisteszustand und lachend zusammen mit Tante Gulja den Saal betrat. Onkel Fedja versuchte, die Ursache der Tränen in Erfahrung zu bringen, aber die eitle Sonja wünschte nicht, sich über diese Angelegenheit auszulassen. Das Wetter ließ es zu, einen Spaziergang in den Alexander-Garten zu machen.

Nach dem Mittagessen erzählte Sonja wieder nach den Bildern die Geschichte des Herrn Poschius: Wie er zuerst in schlechter Kleidung auf die Straße ging und niemand ihn grüßte... Hier aber hat Sonja gänzlich unerwartet und sehr erfolgreich einen Vers aus der Fabel „*Die Meerkatze und die Brille*" eingesetzt:

„Herr Poschius ist aus *Verdruß und Traurigkeit* nach Hause zurückgekehrt und zog neue Kleidung an..."

Olja ist jetzt ganz gesund geworden. Sie ist lustig, und der heutige Tag verlief ganz ohne Tränen.

Donnerstag, den 25. September

Beim Morgentee fand ein Gespräch ethnographisch-physiologischer Natur statt. Sonja bemerkte, daß Marusja anders aus dem Löffelchen trinkt als sie. Marusja hält das Löffelchen irgendwie seitwärts, Sonja dagegen legt es mit der schmalen Seite in den Mund, so wie Mama. Eine Überprüfung erwies, daß Mama, Sonja und Onkel Fedja in dieser Angelegenheit die eine Methode anwenden, Tante Gulja und Marusja dagegen eine andere. Olja erläuterte, dieser Unterschied stamme sicherlich daher, daß sie im Ausland gewesen waren, wo wahrscheinlich alle den Löffel so halten.

Gegen Ende des morgendlichen Tees erklärte Sonja, daß sie Onkel Fedja ein sehr komisches Geheimnis sagen will. Lange flüsterten die Mädchen untereinander. Es erwies sich, daß das Geheimnis darin bestand, daß Papa irgendwann Sonja aufgetragen hat, Onkel Fedja die Worte zu übermitteln:

„*Trink, vergiß aber dein Geschäft nicht!*"

Was nach den Erklärungen von Sonja bedeutet, daß es nicht wünschenswert ist, viel zu trinken. Onkel Fedja war damit nicht einverstanden.

Nach dem Frühstück eine allgemeine Expedition zu Talitschka ins Institut.

Talja ist ganz gesund. Sie war sehr lustig und hat sich außerordentlich über das Zusammensein mit den drei Schwestern gefreut. Der Arzt hat sie erst am Montagmorgen aus dem Krankenhaus entlassen. Obwohl an diesem Morgen ihr Kopf noch geschmerzt hat, hatte sie dem Arzt gesagt, daß sie ganz gesund sei, um sich von der Unfreiheit im Krankenhaus zu befreien. Tatsächlich, in der Klasse ist der Kopfschmerz sehr schnell vergangen. Onkel Fedja forderte die versprochene Notiz über die Erfolge im Unterricht an. Diese Notiz ist zwar verfaßt worden, aber in der Klasse vergessen, die jetzt geschlossen ist, also wiederum nichts. Talja entschloß sich jedoch, einige Nachrichten zu offenbaren.

Am Montag hat man sie in Deutsch gefragt, und sie hat eine 10 erhalten. Dienstag hat man sie überhaupt nicht gefragt. Mittwoch hat sie auf der Kreidetafel ohne Fehler eine arithmetische Aufgabe (dividieren) gelöst, wußte aber nicht, was sie dafür bekommen hat. Am selben Tag eine 9 für eine französische Übersetzung und für Geographie (der Atlantische Ozean) eine 10. Donnerstag wurde Talja in Russisch gefragt. Es drehte sich um das Komma und die Eigenschaften dieses Satzzeichens. Zum Glück hat sich diese Frage nicht als Komma für Talja erwiesen.

„Und wie sieht es in der Kalligraphie aus? "

„Der Lehrer hat alles angeschaut und nichts gesagt, das heißt, es ist gut. Denn wenn es schlecht ist, beginnt er gleich zu schreien."

Der Kalligraphielehrer hatte eine verzwickte Frage gestellt: „Welcher Buchstabe hat eine ovale Form? "

Für viele war diese Frage zu schwer, und er wurde ärgerlich.

Talja war heute überhaupt in Hochstimmung, und dank diesem Umstand haben wir noch einiges erfahren. Es stellte sich heraus, daß am vorigen Donnerstag die ganze Klasse wegen unangebrachter Gespräche in der Stunde bestraft worden war. Talja litt unschuldig mit den anderen. Worin bestand die Bestrafung? Man zwang sie, zehn Minuten stehen zu bleiben!

Ein kurioses Zusammentreffen von Begriffen *(association d'idees).* Talja erzählte als sehr komisch, daß sie ein Mädchen mit dem Familiennamen Lanskaja haben.

„Was ist denn dabei so komisch? Ein sehr bekannter und geachteter Name!"

Aber Talja hatte bisher nur gewußt, daß es auf der finnländischen Eisenbahn eine Lanskaja Station gibt, und deshalb erschien es ihr komisch, daß auch ein Mädchen Lanskaja heißen kann.

Freitag, den 26. September

Der Tag begann ungünstig. Olja erschien in Tränen zum Tee.

„Die gemeine Christina hat Tante Gulja zu spät zum Gebet gerufen!"

Dem Tee folgte das Schneiden der Nägel. Sonja erklärte, daß Mama die Nägel nicht nur freitags schneidet, sondern an allen Festtagen. Das erschien Onkel Fedja jedoch unglaubwürdig.

Olja wollte Marusja auf dem Bild die Blüte der Trollblume *(Trollius)* zeigen und hat sehr gelacht, wenn Marusja die Trollblume für eine andere Blume hielt, zum Beispiel für Läusekraut *(Pedicularis)*, Steinbrecht *(Saxifraga)* und so weiter. Olja hat richtig die Form der Trollblume beschrieben, konnte sie aber nicht im Buch ausfindig machen.

Onkel Fedja bat, seine Bücher zu verschonen, hat sich aber sehr über die botanischen Interessen der Kinder gefreut. Der heutige Spaziergang führte über den Newskij Prospekt, da auf dem Admiralitätsplatz der Wind zu scharf war. Abends haben sich die Kinder wieder mit Bildern befaßt und sind ziemlich früh schlafen gegangen.

Sonnabend, den 27. September

Kostbarkeit Nr. 1
Kostbarkeit Nr. 2
Kostbarkeit Nr. 3

Es ist beschlossen, um sich kurz zu fassen, in Zukunft Sonja, Olja und Marusja so zu nennen. Aber die Kostbarkeit Nr. 3, das heißt, Marusja, fühlte sich wegen ihrer Nummer beleidigt. Sie wurde jedoch beruhigt, indem man ihr sagte, daß in der Handelswelt die Nummer 3 oftmals die höchste Güte kennzeichnet.

Übrigens, für die „*Kostbarkeiten*" wurde es ein erfolgloser Tag. Sonja hat dreimal schlechte Laune gezeigt und vergoß Tränen aus schwer feststellbaren Ursachen. Marusja rief durch ihr Benehmen eine momentane Unzufriedenheit von Tante Gulja hervor und wurde bestraft. Lediglich für Olja verlief der Tag zufriedenstellend.

Sonntag, den 28. September

Beim Morgentee hat Onkel Fedja Sonja, die aus dem Schlafzimmer gelaufen kam, mit einem Grashüpfer verglichen, der soeben ein Bad in einem Tropfen Morgentau auf dem Blatt des

Frauenmantels *(Alchemilla vulgaris)* genommen hatte.

Leider fiel auch dieser Tag regnerisch aus, und Sonitschka begann, sowohl vor dem Frühstück, als auch hinterher, aus völlig unbedeutenden Gründen zu heulen. Nach dem Frühstück fuhr Tante Gulja mit allen Kindern zu Talja ins Institut. Talja war gesund und fröhlich und erzählte viel von den Streichen ihrer Kameradinnen, an denen sie sich aber überhaupt nicht beteiligt. Talja hat einen Brief an Mama geschrieben, der zusammen mit diesem hier nach seinem Bestimmungsort geschickt wird. Es ist wohl nötig, zu hoffen, daß sich in diesem Paket auch die so lange versprochenen Zensuren befinden.

Gegen Mittag kam Achille angefahren. Er belebte die ganze Gesellschaft. Die Rennerei, der Lärm und das Geschrei nach dem Mittagessen waren unbeschreiblich. Außer einem leichten Unfall mit Sonja, der nicht lang andauernde Tränen hervorrief, verlief alles gut.

Tante Gulja hat heute ebenfalls Onkel George besucht, dem es viel besser geht. Jede Gefahr ist vorüber.

Montag, den 29. September

Der Tag wurde durch besonderes Pech für Marusja gekennzeichnet. Angefangen beim Morgentee, bei dem wegen der französischen Sprache Tränen vergossen wurden, bis hin zum Abendtee, als sie wegen eines Brötchens weinen mußte, verlief der größte Teil des Tages in bedauernswerten Mißverständnissen.

Olja hat sich gut aufgeführt.

Sonja zeigte ihr Gemüt beim Mittagessen. Erst mit der Suppe, von der sie sich anfangs völlig losgesagt hatte, dann leerte sie jedoch unter Assistenz von Onkel Fedja glücklich ihren Teller. Danach begann die alltägliche Geschichte mit Wasser und Wein. Übrigens, in diesem Fall beschränkte sie sich auf einen leichten Versuch, dennoch hatte die Weigerung tragische Folgen. Wegen der Brotration entstanden ebenfalls Quereleien. Am zufriedensten verlief das zweite Gericht, das Sonja nach und nach mit riesigem Appetit verzehrt hat.

Die Abende sind jetzt sehr kurz. Bereits in der auslaufenden siebten Stunde, nach kurzer Beschäftigung mit den Bildern, bitten die Kinder um Tee, und um halb acht tritt völlige Stille ein. Nur Marusja legt sich später schlafen.

Heute gingen die Kinder spazieren.

Dienstag, den 30. September

Der Morgentee verlief durchaus gut. Sonitschka hatte sich irgendwie verspätet. Beim Frühstück wurde zum zweiten Mal das von Onkel Fedja erdachte Zweigabelsystem angewandt. Der Sinn der Sache besteht darin, daß schon vor langer Zeit bemerkt wurde, daß Sonja viel zu schnell ißt. Das zerschnittene Fleisch verschwindet augenblicklich vom Teller. Ermahnungen nützen nichts. Der Versuch, Sonja zu zwingen, mit dem Messer zu arbeiten, wäre mit Gefahr verbunden und ist daher nicht durchführbar. Aber beim Hackfleisch in Form von Buletten usw. erwies es sich als möglich, zwei Gabeln auf einmal einzusetzen. Sonja handhabt sie sehr geschickt. Die Prozedur gefällt ihr, und zugleich wird für die Aufteilung eines Stückes in kleine Teile ziemlich viel Zeit verbraucht, was sich segensreich auf den Prozeß des Essens auswirkt. Launen und Mißverständnisse waren heute nur ganz leicht, so daß es nicht nötig ist, sie zu erwähnen.

Wegen des schlechten Wetters fiel der Spaziergang aus. Nach und nach gewöhnen sich die Kinder daran, mit Holzklötzchen zu spielen, oder mit *Holzklößen*, wie Sonja sie nennt.

Mittwoch, den 1. Oktober

Heute morgen wurde am Teetisch der erste Versuch unternommen, die Kinder mit Haferbrei zu füttern. Onkel Fedja hat schon seit langem darüber nachgedacht, wie schön es wäre, die Kinder an diesen edlen Brei zu gewöhnen, dem die sächsische Rasse (Engländer und Amerikaner) ihre Vorherrschaft auf dem Erdball verdankt. Onkel Fedja hatte den Kindern von dem segensreichen Einfluß des Haferbreis auf das Gehirn erzählt und ist überhaupt auf physiologische Funktionen eingegangen.

Die Kinder interessierten sich sehr für den Haferbrei. Marusja hat leichtfertig versprochen, unbedingt jeden Morgen Haferbrei zu sich zu nehmen. Sonitschka hat mit der ihr eigenen Feurigkeit erklärt, sie würde so viel Haferbrei essen, daß auf dem Tablett nichts mehr übrig bliebe. Nur Olja, mit der ihr eigenen vernünftigen Vorsicht, hat nichts versprochen und lediglich erklärt, daß sie sich erst ansehen will, was Haferbrei überhaupt ist.

Der entscheidende Tag näherte sich. Unterdessen schüttelte Tante Gulja ihren Kopf und meldete von Zeit zu Zeit andeutungsweise mit halber Stimme ihre Zweifel an, ob die Kinder den Haferbrei überhaupt essen würden, da ihrer Meinung nach der

Geruch allein genüge, selbst den hungrigsten Menschen in die Flucht zu jagen. Diese Zweifel wirkten sich auch auf die Kinder aus, die seit gestern zu schwanken begannen. Die Stunde des Versuches rückte heran.

Marusja, die jetzt ständig das ganze Haus weckt, war als erste am Teetisch. Aus der Küche kam die Nachricht, daß der Haferbrei fertig sei und ob man ihn auftragen solle. Onkel Fedja wünschte jedoch, daß er erst dann gereicht wird, wenn alle Kinder beisammen sind.

Marusja begann unterdessen, einen Rückzieher zu machen und erklärte, daß sie nur versprochen habe, den Haferbrei zu probieren. Olja war völlig ruhig, da sie nichts versprochen hatte.

Sie berichtete jedoch, daß Sonja bereits im Bettchen bei dem Gedanken an den heutigen Haferbrei zu weinen begonnen hatte. Da er die Eitelkeit seiner Sonitschka kannte, vermutete Onkel Fedja jedoch, daß sie nicht nur wegen des Haferbreis weint, sondern eher deswegen, weil ihr bewußt geworden ist, daß sie unüberlegt gehandelt hat, als sie im voraus damit prahlte, alles aufzuessen, was auf dem Tablett steht.

Marusja lief ins Schlafzimmer, um mit Sonja vorbereitende Gespräche über die notwendigen Maßnahmen hinsichtlich der aufziehenden Gefahr zu führen. Die Stimmen der beiden Mädchen erklangen im Korridor, und oft wurde das Wort „*Haferbrei*" wiederholt. Endlich erschien auch Sonja zum Tee und verhielt sich leider viel zu tragisch zu dem offenen Problem, sie warf sich auf den Boden, begann zu heulen usw.

Es gelang aber ziemlich schnell, sie zu beruhigen. Ihr wurde erläutert, wenn sie auch versprochen habe, wahre Wunder mit dem Haferbrei zu vollführen, niemand ihre Worte *au pied de la lettre* aufgefaßt habe und ihr weiteres Verhältnis zu dem segensreichen Grützchen ganz von der näheren Begutachtung abhinge.

Das Zeichen wurde gegeben, und der dampfende Haferbrei erschien auf dem Tisch.

Onkel Fedja begann, ihn mit Wonne zu essen, ohne daß er dabei den geringsten Versuch unternahm, das Gewissen der Kinder zu vergewaltigen und ohne ihnen überhaupt irgendeine Beachtung zu schenken.

Zuerst wollte Marusja probieren, erst trocken, dann mit Milch, konnte aber nicht die kleinste Portion herunterbringen. Dann bat Olja um Haferbrei und erklärte vielleicht nur der Originalität wegen, daß der Haferbrei ihr gefiele. Offensichtlich aber nur in der Theorie, denn tatsächlich hat sie sehr wenig gegessen. Endlich wünschte auch Sonja, den Haferbrei zu kosten, und o weh, sie griff auch in diesem Fall zu ihren gewöhnlichen Schlauheiten. Wenn sie genau so viel Haferkörnchen gegessen hätte, wie sie Worte aus ihrem Mündchen herausgelassen hat, wäre die Portion ganz ansehnlich geworden. Sie begann, weitschweifig zu erläutern, wie sie den Haferbrei ißt, und wie sie das Grützchen erst dort nimmt, wo sich auf dem Teller ein Berg gebildet hat, und dann, wo sich eine Grube formt. In der Tat legte sie sich jedoch einen fast leeren Löffel in den Mund. Mit anderen Worten: Sie aß, wie die Schauspieler in zweitrangigen Theatern essen, wenn der Manager zu geizig ist, ihnen richtige Gerichte zu servieren.

So endete die Geschichte mit dem Haferbrei.

Der fast den ganzen Tag anhaltende Regen hinderte die Kinder, ihren Spaziergang durchzuführen.

Vor dem Mittagessen begann Sonja, sich zu beklagen, daß es ihr im Mund weh tue, wenn sie ißt, oder, wie sie sich ausdrückte:

„Wenn ich gaue."

„Wo tut es denn weh? "

„Ich weiß nicht, dort..." Sie zeigte auf die Kehle. „Mir ist so zum Lachen." (sic!)

Tante Gulja und Ljolja (Loloche) führten eine Besichtigung des Halses durch. Es erwies sich, daß er etwas rötlich war. Man holte den Arzt. Er sah sich die Sache an, sagte dann auf deutsch, daß es nichts sei und nannte Sonja:

„Ein ganz vernünftiges Kind."

Er verschrieb, den Hals mit einer Lösung von Kali Chloricum zu spülen. Diese Prozedur steht uns morgen bevor.

Donnerstag, den 2. Oktober

Morgens konnte Onkel Fedja nicht von Sonja erfahren, ob es ihr besser geht und der Schmerz im Hals verschwunden sei oder nicht. Das Betrachten der Kehle führte zu keinem Resultat. Sonja gurgelt aber ausgezeichnet.

Nach dem Frühstück eine Expedition in das Katharineninstitut. Sonja wurde vorsorglich zu Hause gelassen.

Talja ist gesund und lustig. Gerechterweise hat Tante Gulja später bemerkt, daß es eine Freude war, Talja zu sehen, so nett und sympathisch war sie.

Einzelheiten über Taljas Lernerfolge befinden sich in dem Brief an Mama und Papa.

„Diese Woche war entsetzlich." sagte Talja.

„Warum denn das? "

„Es gab eine fürchterliche Unordnung."

„Wieso? "

„Eine andere Erzieherin ist gekommen."

„Was hat sie denn getan? "

„Sie hat alle Schlüssel verwechselt."

Der Kalligraphielehrer hatte gesagt, daß es sehr gut gewesen sei, obwohl Talja selbst wußte, daß es schlecht war.

Talja hielt es für gut, daß sie die zehnte war. Onkel Fedja fand jedoch, daß es zu wenig sei, zehnte zu sein und daß Talja, bei ihren ausgezeichneten Fähigkeiten und ihrem Fleiß sicherlich die erste oder zweite sein könnte, auf keinen Fall aber schlechter. Talja dachte, dies sei unmöglich.

„Warum denn? Man braucht sich nur Mühe zu geben und zu arbeiten."

Endlich erklärte Talja sich bereit, nachzugeben. Sie sieht die Möglichkeit, siebte zu werden. *L'appétit viendra en mangeant!*

Enorme Verachtung der Parallelklasse. Bei ihnen sei alles schlechter, die Mädchen seien auch alle so mies. Aber dafür hängt an ihrer Wand die Karte Europas, die man in der sechsten Klasse nicht hat. Die sechste Klasse verfügt nur über zwei Halbkugeln! !

Freitag, den 3. Oktober

Sonitschka, die gestern fast den ganzen Tag weinerlich und mit müden Augen war, erschien heute morgen wieder in vollem Glanz. Sie sagt, daß der Hals überhaupt nicht mehr weh tut. Sie hat einen sehr schönen Traum gesehen:

„Anette war gesund, Mama und Papa waren da, Talja auch. Anette hatte Gamaschen und einen Umhang, so lang, bis zu den Füßen, und die Hände waren überhaupt nicht zu sehen."

Beim Mittagessen mußte Onkel Fedja Qualen der Eifersucht erleben, und zwar aus folgendem Anlaß. Tante Gulja war mit Marusja und Olja zu den Düttels gefahren. Sonja wurde aus Gründen der Vorsicht zu Hause gelassen, da die Fahrt sehr weit war. Aus der Gegend des Erzengels Michail zurückgekehrt, brachten die Mädchen einen ganzen Sack unglaublicher Erzählungen von Ljoscha Düttel, einem vierjährigen Jungen, mit. Bereits vor dem Mittagessen hatten sie es geschafft, alles Sonja zu berichten, die sich alle Einzelheiten so gut angeeignet hat, daß sie beim Mittagessen begann, so weitschweifig über Ljoscha und die Wunder, die ihn umgaben, zu erzählen, als ob sie selbst dort gewesen wäre und alles selbst gesehen und erlebt hätte.

Wenn Sonja in ihrem Bericht stecken blieb, sagten die Schwestern ihr vor, oder fügten neue Einzelheiten über Ljoscha und seine Spielsachen hinzu.

Ljoscha ist ein bemerkenswerter Junge. Wenn er läuft, so versteht er es, auf besondere Weise mit dem linken Fuß aufzustampfen. Sonja konnte sogar zeigen, wie Ljoscha das macht. Ljoscha hat ein Pferd, auf das man sich setzen und reiten kann. Auf dem Pferd wäre auch Platz für Sonja gewesen. Ljoscha hat eine Kuh, die Milch gibt, ohne zuvor den langwierigen Prozeß der Einnahme pflanzlicher Nahrung in Gang zu setzen, wiederzukäuen usw. Ljoscha hat ein goldenes Körbchen. Er hat auch einen Tiger. Er hat eine riesige Menge verschiedenartigster Puppen. Ljoscha ist ein sehr netter und guter Junge.

„Ich hätte ihn gern geküßt!" erklärte Sonja.

Onkel Fedja wurde ärgerlich. Er machte den Versuch, bei den Mädchen die Erinnerungen an Max aus Tiflis wachzurufen, von dem sie oft mit Liebe erzählt hatten.

„Wer ist besser, Ljoscha oder Max? "

Die vernünftige Sonja wollte diese Frage nicht entscheiden und gab weder dem einen, noch dem anderen den Vorrang. Olja erinnerte sich jedoch, daß Max aus Tiflis sie einst gewürgt hat, und zwar sehr schmerzhaft. Sonja bestätigte sofort, daß er sie tatsächlich gewürgt hat, und um das zu zeigen, umklammerte sie ihren Hals so fest, daß sie vor Anstrengung rot wurde.

Onkel Fedja gab es auf, mit Ljoschka zu konkurrieren, der versprochen hatte, die Mädchen am nächsten Sonntag mit seinem Besuch zu beglücken.

Sonnabend, den 4. Oktober

Der Tag verging in Vorbereitungen für den Empfang von Ljoscha. Alle kaputten oder ein bißchen schlechteren Spielsachen wurden sehr sorgfältig versteckt. Es wird nur vom morgigen Tag gesprochen. Die Minuten werden gezählt. Sonja meinte:

„Also, was ist denn? Heute abend, dann schlafen, und dann wird Ljoscha kommen!"

Sonntag, den 5. Oktober

Die arme Sonitschka hat in der Nacht sehr geschrien und war sehr unruhig. Anscheinend öffnete sie die Augen nicht und erwachte auch nicht, aber jedesmal, wenn Christina an ihr Bettchen herantrat, begann sie zu schreien:

„Schlechte Christina!"

Endlich nahm Tante Gulja sie auf den Arm, und Sonja beruhigte sich an ihrer Schulter.

Vor dem Morgentee sagte Olja Tante Gulja als Geheimnis, daß sie sich in Anbetracht des Besuches von Ljoscha sehr bemüht habe, sich gut zu waschen. Marusja bemerkte, daß die Spielsachen (die kaputten), die gestern unter dem Diwan versteckt worden sind, sich heute auf dem Fensterbrett befinden. Große Unruhe unter den Mädchen. Es ertönten die Worte:

„Wir haben sie absichtlich versteckt!"

„Ljoscha wird sie sehen!"

„Wir können alles ins Kinderzimmer bringen, im Kinderzimmer wird er nicht spielen." bemerkte die vernünftige Sonja.

Onkel Fedja ist diese Tage in Unruhe gewesen. Am Freitag hatte er vergessen, das gewohnte Ritual des Nägelschneidens durchzuführen. Wie konnte er das wieder gutmachen? Sonja erklärte, daß so etwas auch manchmal zu Hause passiert, und die Nägel auch am Sonntag geschnitten werden können. Daher wurde diese Operation heute durchgeführt.

Nach dem „*Imbiß*", wie Sonja sagt, eine allgemeine Expedition in das Institut.

Talja hat mit besonderer Freude berichtet, daß sie für Betragen eine 12 bekommen hat. Onkel Fedja war erstaunt, aber nicht darüber, daß sie eine 12 erhalten hat, sondern daß sie sich über eine so gewöhnliche Sache freut. Kann Talja denn für Betragen etwas anderes als eine 12 bekommen? Talja behauptet, das sei sehr schwierig.

„Wieviel Mädchen haben denn eine 12 bekommen?"

„Zwölf Mädchen."

„Und was war die niedrigste Note, die vergeben worden ist?"

„Eine 6. Nur ein Mädchen hat eine 6 erhalten, weil sie in fremden Sachen gewühlt hat und die Unwahrheit sagte."

Gestern hatte Talja ihre erste Musikstunde. Es war nicht herauszubekommen, was dabei geschehen ist.

„Die Lehrerin riß an den Händen und spreizte die Finger!"

Als Talja sich vor dem Mittagessen bei Frau Bogdanowitsch befand, gab man plötzlich bekannt, daß der Prinz gekommen sei.

„Frau Bogdanowitsch geriet in Hetze." erzählte Talja. „Ihre Brille fiel runter, sie hob sie auf, sie fiel wieder, das Kleid geriet in Unordnung. Sie kam kaum dazu, rechtzeitig aus dem Zimmer zu rennen. Und was die Erstlinge (so nennt man die Schüler der ersten Klasse) für Heuchlerinnen sind! Gewöhnlich singen sie das Gebet sehr „mies", da aber der Prinz da war, haben sie sich die größte Mühe gegeben."

Bei den Sechslingen bemerkte Onkel Fedja eine andere Eigenart. Sie strecken bei einem Gespräch sehr oft ihre Zungenspitze heraus und biegen sie auf besondere Weise nach links. Talja war mit dieser Bemerkung unzufrieden.

In der Geographiestunde: Wieder der Atlantische Ozean. Merkwürdig, daß er mit solch einer Genauigkeit studiert wird. Wie mir scheint, beabsichtigen wir doch nicht, Amerika zu kolonisieren.

Talja behandelt Sonja, die nicht auf einem Platz sitzenbleiben konnte und immer wieder danach trachtete, Unsinn zu machen, sehr nett und irgendwie protegierend.

Aus dem Institut kehrten alle nach Hause zurück, wo die Visite Ljoschas erwartet wurde. Bei jedem Läuten schwärmten die Kinder in den Vorraum, aber o weh, die Erwartungen wurden nicht gerechtfertigt. Ljoscha ist nicht gekommen.

Dieser Umstand hat sie aber nicht daran gehindert, den Sonntag im wesentlichen sehr lustig zu verbringen. An Tollereien und Laufereien gab es kein Ende, und trotz allem gab es keine einzige Unstimmigkeit.

Nach dem Mittagessen haben sich die Kinder zusammen mit Elisaweta Iwanowna intensiv mit Zeichnen befaßt. Zur achten Stunde wurden die Kinder müde, und Sonja begann, Tee zu verlangen. Der Tee wurde um 7 1/2 Uhr gereicht. Dann gingen Olja und Sonja schlafen, ihnen folgte bald Marusja.

Beim Schlafengehen war Marusja in großer Sorge, daß man sie bei ihrer Einweisung in das Institut in die Parallelklasse stecken könnte. Das ist der Widerhall von Taljas Erzählungen.

Montag, den 6. Oktober

Ein erfolgreicher Tag, es gab keine Launen. Olja und Sonja sind in Begleitung von Marie über den Newskij spaziert. Bei Marusja wurde eine leichte Röte im Hals festgestellt, sie blieb daher zu Haus.

Nach dem Mittagessen die große Verteilung der Briefmarken. Alle Mädchen haben sich dem Sammeln von Briefmarken verschrieben, mit denen sie übrigens absolut nichts anzufangen wissen.

Dienstag, den 7. Oktober

Als Onkel Fedja zum Dienst fortging, schrie Sonja:

„Wirst du auch Bliefmarken mitbringen?"

„Mit der nötigen Vorsicht kann man es!" antwortete Olja lächelnd, indem sie einen der gewöhnlichen Ausdrücke von Onkel Fedja wiederholte.

Nach dem Frühstück ein Spaziergang über den Newskij und der mißlungene Versuch, über den Konjuschennij Boulevard zu gehen, wo es zu feucht war. Marusja ist auch mitgegangen.

Elisaweta Iwanowna war heute im Institut. Talja ist nett und fröhlich. Sie war am Morgen ins Bad gegangen und *„sah deshalb wie eine Puppe aus"*, meinte Sonja. Ein nicht ganz verständlicher Vergleich. Der gestrige Tag im Institut war nicht ganz erfolgreich. Das Diktat war sehr lang, zwei Seiten, und es gab viele Fehler, besonders bei den Satzzeichen. Die Geographiestunden sind nicht schwer, da alles, was durchgenommen wird, Talja noch aus den Hausstunden bekannt ist. Über all das wird sie selbst schreiben und den Brief am Donnerstag mit Tante Gulja schicken.

Beim Mittagessen löste sich bei Sonja die Serviette und fiel auf den Fußboden. Sonja bemerkte mit dem ihr eigenen Humor:

„Onkel Fedja hätte gesagt: *Welch ein Afflon!*"

Sonjas Bemerkung hat alle zum Lachen gebracht.

Aus einigen Merkmalen ist ersichtlich, daß sich die Zeit der Rückkehr der Vögelchen ins traute Nest nähert. Mittags und abends haben die Kinder viel darüber gesprochen, wann es möglich sein wird, wieder zu Papa und Mama zurückzukehren. Sie haben ausgerechnet, daß wohl noch zwei Sonntage vergehen werden. Bei diesem Gespräch hat Sonja unvorsichtig gesagt:

„Wenn Anette *fertig* ist!"

Dies hat Marusja und Olja sehr erheitert.

Mittwoch, den 8. Oktober

Beim Morgentee wurde die Frage aufgeworfen, wie gut es wäre, sich einmal an Schokolade zu ergötzen. Tante Gulja hielt es für möglich, den angemeldeten Wunsch zu befriedigen, aber nur unter der Bedingung, daß ein angemessener Tag dazu bestimmt wird, der durch ein historisches Ereignis gekennzeichnet wird. Man orientierte sich im Kalender.

Heute, den 8. Oktober

Tag des Rückzugs Napoleons aus Moskau, 1812, und der Schlacht bei Navarino, 1827. Natürlich sind dies beide außergewöhnliche und sogar erfreuliche Ereignisse gewesen, aber alle waren sich darüber einig, daß sie unpassend seien, da sie an unsere verderblichen Beziehungen zu dem faulenden Westen erinnern.

Donnerstag, den 9. Oktober

Abschaffung der Nowgoroder Wetsche, 1512. Marusja, die aus dem republikanischen Frankreich gekommen war, äußerte sich mißbilligend.

Freitag, den 10. Oktober

Einrichtung des Pagenkorps, 1802. Alle schwiegen.

Sonnabend, den 11. Oktober

Die Eroberung von Noteburg durch Peter den Großen, 1702. Bei der Erwähnung von Peter dem Großen blitzten die Augen Sonitschkas, und es wurde einstimmig entschieden, diesen Tag durch die Vertilgung von einem Pfund Schokolade in flüssiger Form zu feiern. Onkel Fedja erläuterte die grandiose Bedeutung dieses Tages. Wenn Peter der Große die Nuß (Nöt) nicht geknackt hätte, hätte er keine Möglichkeit gehabt, Petersburg zu gründen, und wo wären wir dann geblieben?

„Hätten wir unter einem Baum gelebt? " fragte Sonja. Das konnte nur ein Kind der feurigen Kolchis fragen! Unter einem Baum leben! Und das auf der Höhe von Petersburg, im Oktober!

„Und dann kann man nicht schlafen." fügte Sonja hinzu.

Wegen des Windes und der Kälte fiel der Spaziergang aus. Beim Mittagessen sprach man wieder über die für Sonnabend bevorstehende Feierlichkeit, was leider Anlaß dazu gab, Tränen zu vergießen. Passiert ist folgendes:

Von Peter dem Großen wechselte das Gespräch unmerklich zu Katharina über. Die Mädchen interessierten sich sehr für diesen Namen, der sie an das Katharineninstitut erinnerte. Man war gezwungen, ihnen zu erläutern, daß es zwei Katharinas gab und daß beide vor sehr langer Zeit lebten. Plötzlich erklärte Sonja selbstbewußt:

„Ich kann mich an sie erinnern!"

Bei Onkel Fedja wurde vor Erstaunen die Zunge lahm. Er

fixierte Sonja mit fragenden Augen. Ein Augenblick des Schweigens, und die eitle Sonja begriff, was los war: Der Blick von Onkel Fedja erschien ihr sehr kränkend, und sie brach in Weinen und Geschrei aus. Die Verstimmung währte übrigens nicht lange.

Donnerstag, den 9. Oktober

Nach dem Frühstück gingen Olja und Sonja mit Marie spazieren. Tante Gulja fuhr mit Marusja ins Institut. Der Bericht über diesen Besuch ist bereits von Tante Gulja in die Sapernij Gasse geschickt worden. Onkel Fedja gelang es nicht, zur vorgesehenen Stunde zu Talja zu kommen.

Nach dem Mittagessen fand mit einer angemessenen Zeremonie die Verteilung der Briefmarken statt.

Freitag, den 10. Oktober

Beim Morgentee wurde das Gespräch über Peter den Großen, den Begründer von St. Petersburg, fortgesetzt. Marusja fragte, ob nicht auch Tiflis von Peter dem Großen gegründet worden sei. Onkel Fedja verneinte das, mußte jedoch sein Unwissen über die Umstände, unter denen Tiflis gegründet worden ist, eingestehen. Mit allgemeiner Zustimmung wurde beschlossen, nach dem Tee eine archäologisch-historische Expedition zur Untersuchung der Frage nach der Gründung von Tiflis vorzunehmen.

In der Bibliothek wurde die *Geschichte Grusiniens* von Zarewitsch Wachuscht gefunden. Dieser ehrwürdige Quartfoliant wurde mit den vereinten Kräften der drei Mädchen und den entsprechenden Zeremonien in den Saal gebracht und auf den Tisch gelegt. Allgemeine gespannte Aufmerksamkeit.

Auf Seite 187 haben die Forscher gelesen, daß Tiflis von Zar Wachtang-Gurgaslan gegründet worden ist. Zum Entsetzen und zur Empörung aller Anwesenden zeigte Sonitschka, sowie sie die Laute dieses Namens hörte, die äußerste Unehrbietigkeit dem Andenken ihres Vorfahren gegenüber, indem sie zu singen begann:

„Der Esel, der Ziegenbock und der tolpatschige Meister Petz!"

Man versuchte, das mit ihrem kindischen Alter und ihrer Leichtsinnigkeit zu entschuldigen.

Tante Gulja wollte gern erfahren, in welchem Jahr Tiflis gegründet worden ist. Das war aus dem Werk von Zarewitsch Wachuscht nicht ersichtlich. Daher begaben sich die Kinder wieder in die Bibliothek und brachten von dort das Geographisch-

Statistische Wörterbuch von Semjonow. Es stellte sich heraus, daß vor 455 neben der heutigen Bäderbrücke und den heißen Schwefelquellen, über denen die Bäder eingerichtet sind, eine Siedlung mit dem Namen Tpilissi bestand. Es ist unverständlich, warum diese Nachricht der Sonitschka schon wieder äußerst komisch erschienen ist und sie zu schreien anfing und im ganzen Zimmer herumhopste. Mit Mühe konnten ihre Ausbrüche beschwichtigt werden, und das Lesen des Wörterbuches wurde fortgesetzt.

„Im Jahr 455 hat der georgische König Wachtang-Gurgoslan (bei Wachuscht heißt er: Gurg*a*slan – was richtiger ist, konnte niemand der Anwesenden entscheiden) die georgische Hauptstadt von Mchzet hierher (d. h. in den Ort Tpilissi) verlegt und einige Kirchen und die Festung gebaut."

Überhaupt, der Morgen verging in historischen Untersuchungen. Olja äußerte den Wunsch, das Buch anzusehen, das von den Kindern mit den Worten:

„*Das Buch, in dem man versinkt.*"

gekennzeichnet wird, da sich in ihm ein Bild der Sintflut befindet. Während sie sich die Bilder in dem *Buch, in dem man versinkt,* anschauten, machten die Kinder Bekanntschaft mit Knut dem Großen, dem Sonja hartnäckig den Namen des Königs Midas anzueignen versuchte, mit Königin Elisabeth von England, dem Märtyrer Hus und den Ratsherren, die aus dem Fenster geworfen worden waren. Der letztere Umstand hat die Kinder besonders interessiert.

„Waren sie denn böse? "

Diese Frage beweist, wie stark in jugendlichen Herzen das Gefühl für eine notwendige und gerechte Sühne entwickelt ist. Nur Böse darf man aus dem Fenster werfen!

Beim Frühstück fragte Onkel Fedja die Mädchen, was er an Papa und Mama schreiben solle. Es kam etwas Undefinierbares heraus: Man bat zu schreiben, daß Olja Katharina die Zweite war und weder das Dienstmädchen, noch die Köchin schlafen ließ. Der Chronikschreiber bezweifelt, ob es möglich ist, einen Brief, und folglich auch ein Dokument für die Nachkommenschaft, mit derartigen Hirngespinsten auszustatten.

Was den gestrigen Tag angeht, muß noch hinzugefügt werden, daß die Kinder in großer Aufregung wegen des vom Schuster nicht erfüllten Versprechens waren. Ständig haben sie davon gesprochen.

Heute hat der Schuster zum Glück alles gebracht, und die Kinder haben sich beruhigt.

Wenn Olja nicht daran erinnert hätte, so hätte Onkel Fedja wieder vergessen, daß heute nach Lage der Dinge das Nägelschneiden stattfinden muß. Zum großen Kummer des Onkels erklärte Olja auch diesmal, daß er nicht verstehe, diese Operation durchzuführen und wandte sich an Tante Gulja. Sonja blieb aber der eingeführten Ordnung treu und wünschte, daß Onkel Fedja ihr die Nägel schneidet.

Trotz des nicht ganz günstigen Wetters führten die Kinder den Spaziergang durch. Sonja mit Marie die Mojka und den Newskij entlang, Olja und Marusja mit Tante Gulja bis zur Karawannaja. Nach dem Mittagessen die gewohnte Verteilung der Briefmarken. Sonja bemüht sich sehr, die Zahl ihrer Briefmarken festzustellen, und kommt manchmal sonderbarerweise bis zu 80.

Ergänzung zum 9. Oktober

Talja sagte, daß in Kürze den Zöglingen erlaubt würde, sonnabends und an den Vorabenden aller Feiertage nach Hause zu gehen. Inwieweit diese Nachricht der Wahrheit entspricht, wird die Zukunft zeigen.

Sonnabend, den 11. Oktober

Beim Morgentee erklärte Sonja, daß sie einen Traum gesehen habe:

„Anette kam und hat allen wunderbares Spielzeug gebracht, Puppen, ein Häuschen für mich..."

Marusja sagte, daß auch sie im Traum Anette mit Papa und Mama gesehen habe.

Olja hat nichts geträumt, jedoch aus den Träumen der Schwestern die Schlußfolgerung gezogen:

„Das heißt, wir kehren bald zu Papa und Mama zurück."

Zum Frühstück Schokolade zur Erinnerung an die Einnahme von Noteburg durch Peter den Großen, wobei eine diesem Ereignis entsprechende Unterredung stattfand. Beim Mittagessen ein mikroskopisches Mißverständnis mit Sonja, und genau solch eines nach dem Mittagessen mit Olja.

Sonntag, den 12. Oktober

Olja begann, Haferbrei zu essen. Als Hauptantrieb dient anscheinend der Umstand, daß sie erfahren hat, von Haferbrei würden die Wangen rot.

Nach dem Frühstück fuhr Tante Gulja mit Marusja, Olja und Sonja zu Talja. Onkel Fedja konnte zu seinem größten Bedauern an der Expedition nicht teilnehmen, da er eine Stunde nach zwölf zu Prinz von Oldenburg gerufen wurde. Folgende Nachrichten sind nach den Worten von Marusja und Sonja notiert:

Sonja: „Talja trat an die Erzieherin heran..."

Marusja: „Nein, die Erzieherin rief Talja, und Talja kam dann zu uns gelaufen..."

Sonja: „Und wir haben sie zum zweiten Mal geküßt."

Marusja: „Talja kam zu uns angelaufen und sagte, daß man manchmal bestraft wird, wenn man läuft. Die Lanskaja sei einmal gelaufen und wurde bestraft. Talja bedauerte, daß Onkel Fedja nicht gekommen war..."

Sonja: „Dann sah Talja den Sascha und lief zu ihm, und Malusja setzte sich auf meinen Platz, und ich sagte, daß ich mich auf den Platz von Malusja setzen will, neben Talja..."

Marusja: „So war es nicht, das war mein Platz..."

Sonja: „Talja war sehr lieb."

Marusja: „Ein Mädchen hat geweint."

Alles das war ziemlich verworren und wenig zufriedenstellend.

Montag, den 13. Oktober

Auch Marusja begann, Haferbrei zu essen. Insgeheim berichtete sie Tante Gulja, sie hoffe, durch dieses Mittel weißer zu werden.

Zum Frühstück kam Fräulein Ebner (die Enkelin von Baron Drisen). Die Kinder haben sehr schnell Freundschaft mit ihr geschlossen, und es gab nicht wenig Streit darüber, wer neben ihr am Tisch sitzen darf.

Ein Spaziergang mit Tante Gulja über den Newskij bis zur Michailowskij-Straße und zurück.

Nach dem Mittagessen die gewöhnliche Sitzung zur Ausgabe der Briefmarken. Da diese Beschäftigung sich bedeutend verkompliziert hat, ist beschlossen worden, einen besonderen Sekretär und Protokollführer zu ernennen. Durch Stimmenmehrheit ist Olja auf diesen Posten gewählt worden.

Sonja fängt an, ihre Briefmarken auf französisch zu zählen.

Dienstag, den 14. Oktober

Marusja und Olja essen mit bemerkenswertem Eifer Haferbrei. Nur Sonja, in voller Überzeugung ihrer Vollendung, hält es nicht für notwendig, diese durch den Genuß von Haferbrei noch zu vermehren.

Zum Frühstück erschienen die beiden jungen Damen Ebner, eine von ihnen ist ein noch ganz junges Mädchen.

Diesem Umstand war wohl auch die ungewöhnliche Ruhe bei Tisch zuzuschreiben.

Sonja redete nur im Flüsterton und vergoß nicht einmal Wasser auf die Tischdecke.

Der Spaziergang rund um das Gebäude des Hauptstabes.

Olja beginnt, ihre Sachen einzupacken, wegen der bevorstehenden Umsiedlung zu Papa und Mama.

Die Briefmarkensitzung fand nicht statt, da Onkel Fedja in die Geographische Gesellschaft eilte. Das war schade, denn Olja hatte das Protokoll der gestrigen Sitzung zum Vorlesen vorbereitet, und Sonja wollte der Versammlung eine besondere Erklärung machen.

Mittwoch, den 15. Oktober

Der Tag begann schlimm für die arme Sonitschka. Seit dem frühen Morgen war ein *contralto* Geheul aus dem Kinderzimmer zu hören. Mißverständnisse und Streitigkeiten beim Anziehen und Gurgeln.

Zum Tee erschien Sonja ganz in Ordnung. Aber, o weh, bald begannen neue Launen.

„Ich will Tee mit Sahne, nein, ohne Sahne, mit gekochter Milch. Nein, lieber kalte Milch!"

Es endete damit, daß sie überhaupt keinen Tee getrunken hat. Nach und nach renkte sich alles ein. Gemeinsame Spiele mit Christina. Für die arme Christina gibt es viel Arbeit. Alle Kinder, Sonja nicht ausgeschlossen, wollen sie lehren, russisch zu schreiben. Geduldig wiederholt sie ihre *b a, ba.* Marusja ist sehr besorgt. Mama hat geschrieben, daß sie etwas im Kinderzimmer finden würde. Was konnte das nur sein?

Tante Gulja ist sehr unzufrieden damit, daß Onkel Fedja die Kinder mit einer interessanten chinesischen Zeremonie bekannt gemacht hat, dem *Kotau,* je drei Kniebeugen und Verbeugungen, die vor dem chinesischen Kaiser gemacht werden. Den Mädchen hat diese Zeremonie sehr gefallen, und sie reißen sich danach, sie bei jeder passenden und unpassenden Gelegenheit auszuführen.

Nach dem Mittagessen eilte Onkel Fedja in die Gesellschaft zur Förderung des Handels und der Industrie und deshalb konnte die gewohnte Briefmarkensitzung nicht stattfinden.

Donnerstag, den 16. Oktober

Als erste haben sich heute Olja und Sonja erhoben und begannen, an der Tür zu Onkel Fedja zu klopfen. Er erschien auch, und alle zusammen klopften an der Tür zu Tante Gulja, die leider starke Kopfschmerzen hatte.

Beim Tee bat Sonitschka insgeheim um Haferbrei. Der erste Löffel wurde mit Anstrengung aufgegessen. Sonja wurde sogar blaß. Zum Schluß des Teetrinkens aber war der Wettbewerb um die Vertilgung des Haferbreis direkt erstaunlich.

Nach dem Frühstück, wegen des Unwohlseins von Tante Gulja, begab Onkel Fedja sich ins Institut. Die Kinder gingen spazieren. Talja ist gesund, aber etwas blaß. Ihr, wie auch allen neu Hinzugekommenen, hat man am Dienstag eine Pockenimpfung gemacht. Talja fühlt kein Fieber, nur ein unangenehmes Empfinden im Arm. Wegen der Pockenimpfung geht Talja im Kopftuch herum. Ob der Brief an Mama fertig ist?

„Nein, das ganze Papier ist ausgegangen."

Eine sehr schlechte Rechtfertigung. Wenn kein Papier mit Namenszug mehr da ist, hätte sie doch ein anderes Blatt nehmen können. Papa und Mama hätten deswegen bestimmt nichts gesagt. Übrigens, in dem Bündel von Tante Gulja fand sich auch Papier, und Onkel Fedja versprach, außerdem Papier mit Namenszug zu bestellen. Dann begann das Ausforschen von Nachrichten über die Stunden von Talja. Dabei hielt sich Onkel Fedja, seiner Gewohnheit gemäß, an die umgekehrt-chronologische Reihenfolge.

Heute:

„In der Schönschreibstunde hat der Lehrer alles angeschaut und nichts gesagt."

Russischstunde:

Talja hat eine Fabel vorgetragen und sie dann schriftlich niedergelegt. Sie hat eine 8 bekommen, weil sie zwei Fehler gemacht hat.

„Was für eine Fabel war das denn? "

Das war trotz aller Mühen und Bitten nicht zu erfahren.

„Ich sage sie nicht und ich sage sie nicht!"

Mittwoch:

„In deutsch erhielt ich eine 7."

„Warum so wenig? "

„Die Lehrerin suchte Händel. Sie gab auf, ein Wort zu deklinieren, das mir unbekannt war."

„Was war das für ein Wort? "

„Ich kann mich nicht entsinnen. Sie hat es mir nicht ins Russische übersetzt."

Geographie:

„Eine 10. Wir haben die Halbinseln durchgenommen."

„Was für eine Halbinsel? "

Sie erinnert sich nicht.

Arithmetik:

„Eine 10 für eine Antwort, eine 8 für die Lösung einer Aufgabe an der Tafel."

Was das für eine Aufgabe war? Sie kann sich nicht entsinnen.

Dienstag:

Zeichnen: „Der Lehrer sagte ‚gut.' "

In der Geschichtsstunde ist sie nicht gefragt worden.

Montag:

Deutsch:

Hier die Antworten, die Onkel Fedja auf seine eindringlichen Fragen bekam, und die hervorragend die Art der Antworten charakterisieren, die Talitschka gegeben hat.

„Hat man dich am Montag in Deutsch gefragt? "

„Ich glaube, man hat mich gefragt."

„Welche Note hast du bekommen? "

„Ich kann mich nicht entsinnen. Übrigens, wenn ich gefragt worden bin, wahrscheinlich eine 10, und wenn nicht – dann eben nichts."

Ob nicht eine kleine Anstrengung möglich sei, um sich zu erinnern?

„Ach ja, ich erinnere mich jetzt. Die Deutschlehrerin ist am Montag überhaupt nicht da gewesen."

Wie gefällt es euch, nach solchen Auskünften eine wahrheitsgetreue Chronik zusammenzusetzen? Talja wollte Onkel Fedja als größtes Geheimnis berichten, daß man die Zöglinge vielleicht am Sonnabend nach Hause gehen läßt, und war sehr erstaunt darüber, daß diese Neuigkeit bereits in die Chronik eingetragen worden ist.

Aus Taljas Tasche lugte ein Heft hervor.

„Was ist das für ein Heft? "

Wieder waren die größten Anstrengungen nötig, um eine Antwort zu erhalten. Es stellte sich heraus, daß bei Talja folgender praktischer Gedanke entstanden ist und ausgeführt wurde: Da ihr die deutsche Sprache schwerfällt, hat sie sich ein besonderes Heftchen von kleinstem Format zugelegt, in das sie die Aufgaben aus dem Buch schreibt. Das Buch kann sie nicht überall mit sich nehmen, mit Hilfe dieses Heftes in der Tasche kann sie aber zu jeder Zeit, in der Pause oder beim *paarweisen* Spazierengehen hineinschauen und sich an die Stunde entsinnen. Aber verbirgt sich nicht ein Mißbrauch darin?

Freitag, den 17. Oktober

Die heutige Briefmarkensitzung versprach, besonders interessant zu werden, da Olja beabsichtigt hatte, ein Protokoll der letzten Sitzung zu verfassen und vorzulesen, und Marusja und Sonja Erklärungen abgeben wollten. Die Erwartungen wurden gerechtfertigt, wenn auch nicht ganz.

Olja hatte nichts vorbereitet und konnte nicht einmal einen berechtigten Grund vorbringen, warum das Protokoll nicht zustandegekommen ist. Marusja berichtete über ihre Eindrücke des sommerlichen Aufenthalts in Boulogne. Ihre Bemerkungen waren teilweise von naturhistorischer und teilweise von ganz spezieller und sogar außergewöhnlicher Art. Endlich hat Sonja über ihre statistischen Untersuchungen bei dem Spaziergang über den Newskij-Prospekt berichtet. Darauf folgte die gewohnte Verteilung der Briefmarken. Alle waren sehr zufrieden.

Sonnabend, den 18. Oktober

Beim Frühstück ist einstimmig beschlossen worden, den folgenden Dienstag, den 21. Oktober, feierlich durch Trinken von Schokolade zu begehen. An diesem Tag wird Anette zum ersten Mal gebadet. Dieser Tag ist auch in anderer Hinsicht bemerkenswert. Am 21. Oktober 1721 hat Peter der Große den Titel *„Imperator aller Reussen"* angenommen und der Senat hat ihm den Titel *„Vater des Vaterlandes"* verliehen.

Der Chronikschreiber hält es für seine Pflicht, die folgenden und nicht unbedeutenden Umstände auf seiner Tafel festzuhalten.

Seit einiger Zeit sind zwei Objekte oftmals die Ursache von Streitigkeiten und Wettstreiten unter den Kindern geworden.

Was sind das für Gegenstände?

Beim Morgentee die Schüssel mit Haferbrei! Jedes der Mädchen wünscht, daß die Schüssel näher zu ihm steht. Was ist zu tun?

Beim Mittagessen machte Sonja vor einiger Zeit die interessante Entdeckung, daß bei einem Teller auf der Unterseite der rote Fabrikstempel dargestellt ist. Seitdem verlangt sie ständig gerade diesen Teller. Zugleich haben auch die anderen Mädchen angefangen, ihren Anspruch, von dem Teller mit dem roten Stempel zu essen, anzumelden. Es gab sogar Tränen. Eine Reihenfolge war einzurichten. Beim heutigen Mittagessen hatte Sonitschka den interessanten Teller.

Marusja begann, nachdrücklich darum zu bitten, ihr diesmal den Teller mit dem Stempel zu überlassen. Sonja konnte sich nicht dazu entschließen. Dann wandte sich Onkel Fedja mit folgender Rede an Sonja:

„Die Älteste der Gesellschaft, die achtjährige Marusja, wendet sich an die Jüngste, die vierjährige Sonja, mit der weinerlichen Bitte, ihr den Teller mit dem roten Bild zu überlassen."

Sonja kapierte sofort, was los war, veränderte sich im Gesicht, überreichte Marusja den Teller und bemerkte dabei *avec un air de superiorité*, daß es eigentlich völlig einerlei ist, von welchem Teller man ißt, und daß der rote Teller sie bereits langweilt.

Die arme Marusja wurde verlegen.

Sonntag, den 19. Oktober

Der wahrheitsgetreue Chronikschreiber ist verpflichtet, die gestrige Schilderung zu ergänzen:

Es ist in Erfahrung gebracht worden, daß beim gestrigen Mittagessen Marusja den roten Teller dann Olja überließ, und Sonja heute beim Frühstück, alle ihre gestrigen klugen Reden vergessend, nachdrücklich verlangte, ihr den geliebten Teller zu geben.

Ins Institut konnte Onkel Fedja leider wegen der heute stattfindenden Matinee zu Ehren Puschkins nicht gelangen. Der Bericht über Talja ist von Tante Gulja unmittelbar in die Sapernij Gasse geschickt worden.

Sonntägliches Feuilleton
zusammengestellt von Sonja für Mama

„Warum sagst du Feuilleton, wenn ich nicht verstehe, was das ist, ein Feuilleton? ...Malusja bat um einen loten Bleisift, und

Onkel Fedja sagte, daß er nur einen Bleisift hat, und daß wir ihn gleich kaputtmachen... Ich habe ein langes Feuilleton... Daß wir für die Gesundheit von Anette Schokolade trinken, daß ich mich sehl fleue, daß Anette bald gesund wild... daß ich mich sehl fleue, was sagt man? Zwei Solntage, dann sagt man dlei Solntage, was sagt man dann? Viel Solntage, und später werden wir niemals zu Mama fahren..."

Hier unterbrach Olja das Feuilleton mit den Worten:

„Onkel Fedja, schreib das nicht an Mama, sie wird traurig sein."

Sonja fährt fort:

„Nein, sie wird nicht tlaulig sein. Wie sagt man? Acht Solntage, und dann... Du weißt doch, wie weiter? ...Dann neun Solntage, dann elf Solntage... Das ist ein großes Feuilleton, ein sehr großes... Bald sagt man, hundert Solntage, später eine Million Solntage, und später gibt es überhaupt keine Solntage mehr und wir bleiben bei dir."

Olja unterbricht: „Mama, gräm dich nicht!"

„Dann können wir endlich mal nicht... Weißt du was, bei Malusja gab es ein Bildchen, und als sie bei mir ein Bildchen sah..."

Hier unterbrach Onkel Fedja das Feuilleton:

„Sonitschka, du beginnst zu klatschen. Bewahre in deinem Feuilleton einen objektiven Charakter..."

Das Gesicht wurde mit den Händen verdeckt. Weinen und Geheul. Sonja fühlt sich beleidigt! Einige Zeit später, als sie sich beruhigt hatte, aber immer noch unter Tränen:

„Mehl wird es ein Feuilleton nicht geben!"

Montag, den 20. Oktober

In der letzten Zeit besteht eine der Lieblingsbeschäftigungen der Kinder darin, Bilder mit Farbstiften zu bemalen oder zu beschmieren. Um diese künstlerische Beschäftigung zu fördern, hat Tante Gulja heute den Mädchen Hefte mit Bildern geschenkt, die nach beigefügten Mustern zu bemalen sind. Selbst Sonja betrachtet sich sehr aufmerksam die Muster und gibt sich Mühe, sie nachzuahmen. Ein Schmetterling ist ihr bestens gelungen, auf einem anderen Bild sind die Pferde wegen einer Unachtsamkeit blau geworden.

Dienstag, den 21. Oktober

Beim Frühstück, Schokolade zu Ehren von Anette. Gegen Mittag kam Achille. Endlose Streitigkeiten der Mädchen um den Platz neben ihm. Man mußte Los ziehen. Das Schicksal erwies sich für Olja und Sonja als wohlgesinnt. Marusja ist in Tränen ausgebrochen. Am Abend, beim Tee, das Gebrüll von Sonitschka wegen eines Brötchens.

Mittwoch, den 22. Oktober

Da Tante Gulja beschäftigt war, wurde der Spaziergang der Kinder unter der Leitung von Onkel Fedja und mit Beihilfe von Achille durchgeführt. Es erwies sich als absolut notwendig, Luftballons zu kaufen. Man kam bis zur Michailowskij-Straße, von dort lief Onkel Fedja allein über den Newskij, um den Einkauf zu tätigen.

Un mot de Olja:

„Onkel Fedja, sag diesem Droschkenkutscher, daß er uns einstweilen bewachen soll!"

Der Droschkenkutscher lachte.

Donnerstag, den 23. Oktober

„Nur eines noch, das letzte ist zu sagen,
Und meine Chronik wird beendet sein."

Heute ist ein bemerkenswerter Tag. Die Quarantäne ist beendet, und Mama kommt, die Kinder zu besuchen. Diese Besuche werden sich jeden Tag wiederholen, bis die drei Mädchen endgültig in die Wohnung der Eltern zurückkehren. Hiermit enden die Pflichten des Chronikschreibers.

Baron Fjodor Romanowitsch von der Osten-Sacken
(Nekrolog)

Am neunzehnten April 1916 verschied im vierundachtzigsten Lebensjahr der bekannte Staatsmann, Geograph, Botaniker, Forschungsreisende und Diplomat Fjodor Romanowitsch Osten-Sacken. Bei seiner Entlassung aus dem Dienst im Jahre 1908 wurde in dem allergnädigsten Reskript für den verdienstvollen und rüstigen Staatsmann betont, daß Seine Majestät der Kaiser „es für gerecht befunden hat, ihm seine aufrichtige Anerkennung für seine vierundfünfzigjährige Dienstzeit auszudrücken". Doch nicht nur durch seltene Beständigkeit war die Karriere dieses Mannes bemerkenswert.

Mit ihm ist eine von jenen Gestalten in die Ewigkeit abgetreten, die von denen, die das Glück hatten, ihr auf ihrem Lebensweg zu begegnen, nicht vergessen werden. Ich hatte dieses Glück, zuerst während des Dienstes im Ministerium für auswärtige Angelegenheiten, und später, in den letzten Jahren, bin ich der persönlichen Freundschaft dieses Lehrers würdig gewesen. Ich kann versichern, daß ich keiner leuchtenderen Persönlichkeit und keinem tieferen Geist, der durch seine Berührung die Menschen stärker bereichert, begegnet bin. In Fjodor Romanowitsch, was Weitblick der Ansichten, Einfachheit in der Behandlung, die Tiefe des Geistes und die wissenschaftliche Kraft des Denkens anbelangte, war etwas von Humboldt, das zur enzyklopädischen Allumfassung der Summe des Wissens seines Jahrhunderts strebte.

Seine speziellen Kenntnisse verbanden ihn näher mit der Welt der Pflanzen, und genau wie sein älterer Bruder (ein Freund von Agasis), war er die erste Autorität in der Welt, was die Kenntnis der Zweiflügelgewächse (Dipterae) anbelangte. Doch die Botanik diente ihm lediglich als Fundament für die Ausarbeitung des Denkapparates.

Fjodor Romanowitsch hat gegen Ende der fünfziger Jahre die Flora im Luschskij Bezirk erforscht und Ende des Jahres 1869, nach seiner kühnen Rekognoszierung der Wildnis des damals unbekannten Gebirgsrückens Tjan-Schan, zusammen mit dem Akademiker Ruprecht seine Beschreibung der Flora des Tjan-Schan veröffentlicht.

Übrigens, die Botanik hat ihn nicht ausschließlich beansprucht. Es war Baron Osten-Sacken beschieden, lebendig in der praktischen Politik mitzuwirken, das wissenschaftliche Denken blieb lediglich sein Zufluchtsort, sein persönliches Glück, das ihm die Familienfreuden ersetzte, und seine Methode, die Gedanken und den Willen zu härten. Die praktische Tätigkeit von Fjodor Romanowitsch verlief zum Nutzen des russischen Diplomatischen Dienstes und der vaterländischen Geographie, im Ministerium für auswärtige Angelegenheiten und in der Kaiserlich-Russischen Geographischen Gesellschaft.

Das Asiatische Departement verschlang alle Kräfte des Barons Osten-Sacken von 1853 bis 1875, als er auf den Posten des Direktors im Departement für die inneren Beziehungen (das heutige Zweite Departement des Außenministeriums) berufen wurde. Ein Vierteljahrhundert später wurde es mir zuteil, von Personen, die diesem Departement nahestanden, zu hören, daß eine tiefe Spur der organisatorischen und ideologischen Tätigkeit des Baron von der Osten-Sacken weiterhin unter den seriösen Elementen des Asiatischen Departement (dem Ersten Departement des Außenministeriums) als wertvolle Tradition erhalten geblieben ist. Zu Anfang der sechziger Jahre stand an der Spitze des Asiatischen Departement der junge General-Major N. P. Ignatjew in der Aureole des Erfolgs des kürzlich von ihm geschlossenen Pekinger Vertrages, und bei ihm (als Chef der Zweiten Abteilung) war der dreißigjährige Osten-Sacken.

Ich nehme an, daß ich mich nicht irrte, als ich in den schlimmsten Jahren unseres späteren Verfalls von den vergessenen Traditionen der „diplomatischen Schule von Ignatjew" gesprochen habe. Darüber kann sich der Leser eine lebendige Vorstellung aus dem hervorragenden Buch des verstorbenen General-Leutnant I. F. Babkow aneignen „Erinnerungen an meinen Dienst in Westsibirien (1859-1875). Die Grenzziehung mit West-China 1869." (Spb 1912) Resultat der langjährigen und außergewöhnlich schwierigen Tätigkeit Babkows war die Sicherung von riesigen und fruchtbaren Territorien für Rußland, die lange Zeit von China strittig gemacht wurden. Diese wichtige Aktion wurde unter ungeheuer schwierigen Anstrengungen durchgeführt, bei denen die hervorragende Energie von Babkow zu nichts geführt hätte, wenn er nicht durch den Weitblick und die Zähigkeit des damaligen Asiatischen Departement unterstützt worden wäre, wo N. P.

Ignatjew und F. R. Osten-Sacken die leitenden Kräfte waren.

Dann, von 1864 bis 1877, die hervorragende Epoche des aktiven Dienstes von N. P. Ignatjew in Konstantinopel, die, wie bereits jetzt bekannt ist, ständig von dem ehrgeizigen und beschränkten Fürst A. M. Gorschakow paralysiert worden ist. Gott allein weiß, inwieweit es den seelenlosen hauptstädtischen Einflüssen gelungen wäre, die genialen Geistesblitze von Ignatjew niederzudrücken, wenn nicht in den Tiefen des Ministeriums das lichte und freundliche Auge von Baron F. R. Osten-Sacken wachsam gewesen wäre, der ab 1871 zum Vizedirektor des Asiatischen Departement ernannt worden ist. Nicht von ungefähr hat später K. P. Pobedoneszew über ihn gesagt:

„Ich kenne nur einen echt russischen Menschen im Ministerium für auswärtige Angelegenheiten, das ist Baron Fjodor Romanowitsch von der Osten-Sacken."

Das Vierteljahrhundert, das Baron Fjodor Romanowitsch an der Spitze des Departement für die inneren Beziehungen (Zweites Departement) des Ministeriums für auswärtige Angelegenheiten in der Eigenschaft seines Direktors zugebracht hat, hat dieser Behörde jenen besonderen Stempel des geistigen und ernsten Wirkens auferlegt, das ich Ende der neunziger Jahre dort vorgefunden habe. Hier waren alle Gesetzesvorlagen und die Verwaltung der Konsulatsverordnungen zweier Halbkugeln konzentriert, sowie auch die systematische Bearbeitung von Unterlagen, die der Umarbeitung des längst veralteten „Statuts" dienen konnten. Seele dieses Wirkens und Inspirator der jungen und ernsten Kräfte dieser Behörde war wiederum derselbe Baron F. R. Osten-Sacken.

Aber die formale passive Pflichterfüllung im Dienst hat ihn nicht befriedigt. Fjodor Romanowitsch hat mit seiner brodelnden Energie nach den Wurzeln einer jeden Sache gesucht. Er suchte nach einem Lebenssinn und nicht nur nach aktenmäßigem Ausdruck und Abschluß einer jeden Angelegenheit. So begab er sich zum Beispiel in den freien Monaten an das Ufer des Flusses Torneo, am Polarkreis, um an Ort und Stelle die Frage der Fischerei genau zu studieren, deretwegen diplomatische Schwierigkeiten entstanden waren. Er hat außerhalb seiner dienstlichen Pflichten regen Anteil an der Ausrüstung einer Expedition durch die Geographische Gesellschaft genommen, die die Produktionskräfte und den Brothandel im europäischen Rußland untersuchen sollte. Er hat sich ohne vorlaute offizielle Umrahmung in die

Grenzgebiete Österreichs begeben, um mit eigenen Augen die Lage in Galizien zu studieren, wobei die österreichischen Behörden ihn festgenommen und einige Zeit grundlos festgehalten haben, wodurch ein besonderer diplomatischer Konflikt entstanden ist.

Einige Jahre später, schon als siebzigjähriger Mann, der aber noch eine bewundernswerte Rüstigkeit an den Tag legte, hat sich Baron Fjodor Romanowitsch im Sommer nach Murman begeben, um die Lebensweise unserer Pomoren und die Frage des nicht zufrierenden Hafens zu erforschen.

Es ist kein Wunder, daß bei solchen Qualitäten seiner lebendigen Natur Fjodor Romanowitsch überall bei seinen Untergebenen und Mitarbeitern einen gewinnenden Eindruck hinterließ, umso mehr, als er für die kleinen Leute ein richtiger Wohltäter war.

Die wissenschaftliche Tätigkeit des Baron von der Osten-Sacken ist eng und untrennbar mit dem Leben unserer Geographischen Gesellschaft in dem letzten halben Jahrhundert verbunden. Im Jahr 1857, ohne Unterbrechung seines Dienstes im Asiatischen Departement, ist er dem berühmten General-Adjutant Graf Putjatin zukommandiert worden, zu einer Zeit, als dieser hervorragende Admiral seine japanische Mission bereits beendet hatte (Fregatte „Pallas Athene" von Gontscharow) und eine neue Abkommandierung nach China erhalten hat, die mit dem Abschluß des Vertrags von Tjan-Tsin im Jahr 1858 beendet wurde, nach dem die Russen das Recht zum freien Besuch der inneren Gebiete Chinas und zum Seehandel in chinesischen Gewässern erhielten. Demnach konnte die Ausarbeitung der Unterlagen zu diesem Abkommen nicht ohne die aktive Beteiligung von Fjodor Romanowitsch vonstatten gehen. Die Bestätigung für eine derartige Annahme kann in seinem persönlichen Archiv gefunden werden, das mich immer durch die peinlichste Ordnung der Papiere in Erstaunen versetzte. In diese Zeit fallen auch die Reisen von Fjodor Romanowitsch nach Ceylon und den Philippinischen Inseln, deren Ethnographie er studierte, und endlich an das russische Ufer des Japanischen Meeres.

Ich entsinne mich an die folgende Erzählung, die sich auf diese Epoche bezieht:

An dem Tag, als in Petrograd die ersten Telegramme über die Bombardierung des Fort Taku im Delta des Flusses Pej-Cho, im Juni des Jahres 1900, eintrafen, begegnete ich Baron Fjodor Romanowitsch und wir tauschten unsere Gedanken über dieses plötzlich entstandene drohende Ereignis aus. Die Stimmung der Gesellschaft war damals sehr gehoben, der erste Strom russischen Blutes erregte alle, und aufgeregt wurde die Frage besprochen, ob unsere Diplomatie schuld daran sei, weil sie es nicht fertiggebracht hatte, dieses Ereignis zu verhindern. Damals hatten wir uns noch nicht an diese Schläge, wie sie unvergleichlich schwerer in den folgenden Jahren auf uns zukommen sollten, gewöhnt.

„Vielleicht können nur Donner und Blitz den Blinden die Augen öffnen!" rief damals Fjodor Romanowitsch, als wir zu unserem häufigen Thema, der Unbeholfenheit und dem Erlahmen unserer Diplomatie, zurückkehrten.

Dann fügte er hinzu:

„Die Ereignisse dieses Tages beleben die Erinnerungen in mir, wie ich genau vor zweiundvierzig Jahren auserkoren war, bei der ersten Bombardierung des Fort Taku anwesend zu sein (während der englisch-französischen Expedition in den Jahren 1858-1860). Vom Deck des Schiffes im Delta des Pej-Cho habe ich die Bombardierung beobachtet, und ich meine, mich daran zu erinnern, daß eine chinesische Kanonenkugel über meinen Kopf flog und in die Kommandobrücke unseres Schiffes einschlug."

Übrigens, die gleiche Eigenschaft des persönlichen Mutes hat dieser kleine und keineswegs muskulöse, sondern eher schmächtige Mann in hervorragendem Grad im Jahr 1867 gezeigt, als er sich in den freien Sommermonaten der Expedition des Oberst (und späteren General-Leutnant) W. A. Poltorazkij in das Narinskijgebiet (Tjan-Schan) anschloß. Baron von der Osten-Sacken trennte sich mit fast wahnsinniger Tapferkeit von der Militärkolonne, und während er Pflanzen für sein Herbarium sammelte, durchdrang er die Hauptgebirgskette bis zu den oberen Tälern des südlichen Abhanges, beinah bis nach Kaschgar, wo damals der grimmige Jakub-Bek herrschte, ein Feind Rußlands. Wenn Baron Osten-Sacken in seine Hände geraten wäre, so hätte er höchstwahrscheinlich seinem Leben ade sagen müssen.

Die wissenschaftliche Tätigkeit von Fjodor Romanowitsch war derart vielseitig, daß sie gewissermaßen auf allen Gebieten der Naturkunde, Geschichte, Politik usw. ihre Spuren hinterlassen hat und durchaus nicht von der Botanik, seiner Hauptwissenschaft, eingeschränkt wurde. Er hat sich mit der Erforschung des Sees Issik-Kul und den Resten der alten Bauten auf seinem Grund befaßt. Im Jahr 1872 hat er an den Arbeiten für eine ethno-

graphische Landkarte Rußlands teilgenommen. Er hat in der Kommission zur Herausgabe der Erbregisterbücher des alten Rußlands gewirkt. Im Jahr 1880 nahm er im Rahmen der Geographischen Gesellschaft an der Ausarbeitung einer besonderen periodischen Zeitschrift teil, die den Fragen der Meteorologie gewidmet war. Aufgrund seiner Initiative hat das Ministerium Dokumente über die Expedition von Nordenscheld in die Polargewässer (1880) veröffentlicht, sowie weiteres Material, das sich auf den Norden Rußlands bezog (1883). Nachdem er eine Reihe von Stufen durchlaufen hatte, wurde Fjodor Romanowitsch Vorsitzender einer der Abteilungen der Geographischen Gesellschaft, dann Helfer des Vorsitzenden und später Ehrenmitglied der Gesellschaft.

Die Einfachheit im Umgang mit diesem „Würdenträger" war erstaunlich. Sie war der leeren Wichtigtuerei und der gewichtigen Leere, die ab einer gewissen Ranghöhe ein anscheinend notwendiges Lebensdogma darstellen, völlig entgegengesetzt. Einige Episoden aus dem praktischen Leben werden diesen Gedanken erläutern.

Als Baron Fjodor Romanowitsch einst zu einem offiziellen Bankett, zu dem er alle Orden, von denen, wie aus seiner Personalakte ersichtlich, er eine ziemliche Menge hatte, anlegen mußte, wartete er nur auf den Augenblick, da die für ihn beschwerliche Zeremonie zu Ende ging, und sobald er sich fern von beobachtenden Augen befand, sogar noch, bevor er sein Haus erreicht hatte, nahm er eilig alle Auszeichnungen ab und steckte sie in die Tasche.

Einmal, als er keineswegs mehr jung und bereits ein „Würdenträger" war, machte er in Begleitung von Bekannten einen Spaziergang in der Umgebung von Petrograd. Plötzlich sahen die erstaunten Freunde, wie Fjodor Romanowitsch vom Weg auf den Abhang und unter die Brücke zum Ufer eines Baches sprang... Er hatte ein seltenes Exemplar einer Pflanze bemerkt und sich gänzlich der Leidenschaft eines Forschers hingegeben, der in die Naturkunde verliebt ist.

Traurig und leer ist es nach dem Abgang solcher Menschen! Ihre Reihen lichten sich mit jedem Tag. Dies ist auch für uns „Junge" ärgerlich, da wir nach dem Fortgang dieser rüstigen „Alten" ihre Rolle übernehmen müssen. Anscheinend ist das eine von der Natur verliehene Würde, auf die wir jedoch gern ver-

zichten würden, wenn wir das Privileg der nirgendwohin gleitenden Jugend hätten. Aber am schlimmsten ist, daß die fortgehenden Aristokraten des Geistes, die Menschen der alten Kultur, die in sich die verfeinerte, rein „sokratische" Einheit des Verstandes und des Herzens personifizierten, von niemandem ersetzt werden können. Die Humboldt's werden nicht mehr geboren. Warum? Keine Zeit – das ist die Parole unserer Tage.

Glücklich ist derjenige, der das Ornat des Weisen berührt hat, und dieses Glück wollte ich mit dem Leser teilen. Ist mir dies gelungen? Darüber werde ich nicht urteilen. Doch wenn es gelungen ist, so werdet ihr, genau wie wir, seine Schüler und Verehrer, die lichte Erscheinung von Fjodor Romanowitsch Osten-Sacken in eurem Gedächnis bewahren.

Sein Andenken währet ewiglich.

A. Baschmakow

JURIJ A. TREGUBOFF

DER VAMPIR
304 Seiten, Leinen

Kaum von ungefähr tragen zwei Kinder die Handlung in Jurij Treguboffs Roman „Der Vampir". Der Autor hat nicht nur eigene Jugenderlebnisse in dieses Buch hineingewoben, auch seine Mentalität stimmt mit dieser Anima-candida-Perspektive der Weltbetrachtung gut überein. Die Gegenwart, die er schildert, die ersten Jahre nach der Revolution, sieht freilich anders aus. Intrigen, Dummheit, Morde kennzeichnen die neue Politik. Auf der anderen Seite: Widerstand im Untergrund, religiöser Mystizismus, rächendes Treiben eines veritablen Vampirs. Das ganze – vornehmlich für Jugendliche – ein spannender Roman.

Welt am Sonntag

Der Leser wird zum unmittelbaren Zeugen, gepackt, erschüttert. Unvorstellbares wird aufgehellt und gerade in der Rahmenhandlung deutlich, die fern aller Routine schlicht und um so eindringlicher erzählt wird.

Ruhr-Nachrichten

Feuervogel-Verlag, Frankfurt

JURIJ A. TREGUBOFF

BERLIN
424 Seiten, Leinen

Der aus früheren Romanen bereits bekannte Held, Wolodja Schwedow, erlebt den zweiten Weltkrieg in Berlin, lernt verschiedene antikommunistische und antisemitische russische Exilgruppen kennen, arbeitet im Reichsministerium für die besetzten Ostgebiete, schließt sich der Wlassow-Armee an, um aus dem Zusammenbruch heil herauszukommen und den Blick in eine glücklichere Zukunft werfen zu können. Diesen einfachen Ablauf reichert Treguboff mit allerlei Requisiten der Science-fiction- und der Krimi-Literatur an. An Verwicklungen fehlt es fürwahr nicht, wie auch nicht an wunderbaren Verwandlungen. Entlarvungen und Wiederbegegnungen, der Autor läßt je nach Bedarf aus seinem Zauberkasten neue Figuren auftauchen oder sie darin verschwinden: ein richtiger Jünger der Geheimstwaffe Schwarze Magie.

Stuttgarter Zeitung

Feuervogel-Verlag, Frankfurt

JURIJ A. TREGUBOFF

DER LETZTE ATAMAN
272 Seiten, Leinen

Der Roman beschäftigt sich mit den Tagen zwischen Krieg und Frieden 1945 in Österreich. Der Verfasser hat diese Tage zum Teil selbst dort erlebt. Schicksal vieler russischer Menschen, die nicht unter die kommunistische Herrschaft zurückkehren konnten und die sich in der Hoffnung auf den Westen betrogen fühlten. Treguboff erzählt frisch und lebendig, knapp, doch herzhaft im Volkston. Kein Wort zuviel, aber jedes Wort wirkt wahr. Gegenwart und Vergangenheit vermischen sich mitunter durch Rückblendung, so daß in den handelnden Personen ganze Geschlechter sichtbar werden. Ein packendes Werk.

Reutlinger Generalanzeiger

Neben der großartigen Schilderung dieser heldenhaften Gestalt des Ataman, fesseln auch die Charaktere und Schicksale der Nebenfiguren. Mit den Erzählungen aus der Geschichte des Kosakentums gestaltete Treguboff in seinem Roman ein leidenschaftliches, echtes Bekenntnis zur russischen Heimat.

Österreichischer Rundfunk

Feuervogel-Verlag, Frankfurt

JURIJ A. TREGUBOFF

WLADIMIRSCHINA
312 Seiten, Leinen

Wladimirschina, dieser Name wird den deutschen Leser in Erstaunen versetzen. Auf deutsch bedeutet Wladimirschina das Gebiet um die Stadt Wladimir, wobei dieser Begriff nicht rein geographisch gemeint ist, sondern sich auf das besondere Wesen dieser Landschaft und die geistige Verfassung der von ihr geprägten Menschen bezieht, so, wie auch das „Brandenburgische" nicht nur geographisch aufzufassen ist.
Die Wladimirschina ist das Herz Rußlands, von hier begann im Mittelalter der Aufbau des russischen Reiches; hier arbeiteten seit eh und je der Bauer und der Fürst zäh an der Mutter Erde; hier lebte man viel ärmlicher, aber auch erdgebundener, als im reichen, glänzenden Süden. Das alte Susdalsche Rußland!
Aber Rußland hat es mit seinem Herzen nicht immer leicht gehabt. In diesem Land der zahllosen Kirchen und Klöster, der Heiligen und der Ikonenmaler, aber auch der Diener des finsteren Fürsten dieser Welt, ist wie nirgends sonst in Rußland die Gespaltenheit des russischen Lebens und des russischen Volkscharakters sichtbar. In der Wladimirschina leben Gott und der Teufel viel enger nebeneinander als an einem anderen Ort in Rußland. Hier begann, und das ist das Thema dieses Romans, der Kampf zwischen Gut und Böse, der sich in unseren Tagen bereits zu einer Welttragödie entwickelt hat.

Feuervogel-Verlag, Frankfurt

JURIJ A. TREGUBOFF

GESPENSTER IN FRANKFURT
387 Seiten, Leinen

Treguboffs Erzählkunst ist aus der Tradition hervorgegangen und setzt die Meisterschaft Ljesskows, Gontscharows und Sologubs mit unerschöpflicher Erfindungsgabe und sprachlicher Naturkraft fort. Der Motivreichtum auch dieses Romans entspricht den zutage tretenden Wirklichkeiten. Diesmal steht der „Heimkehrer" Jewgenij Kreiton im Mittelpunkt des vielgestaltigen Geschehens, das sich, bestückt mit einer ebensolchen Personnage, so ziemlich über den Hauptteil des europäischen Kontinentes ausbreitet und an wichtigen geschichtlichen, politischen, gesellschaftlichen, menschlichen und unmenschlichen Ereignissen teil hat. Gut und Böse kommen für den Helden des Romans in Gestalt zweier Frauenfiguren zum Zuge. Das Happy-End entspricht der famosen Anlage der Geschichte, deren Verfasser über die Tatsachen ebenso Bescheid weiß, wie über ihre Hintergründigkeiten und das Spiel mit Witz, Humor und Ironie meisterlich beherrscht.

Domino, Schweizer Bücherzeitung

Feuervogel-Verlag, Frankfurt